SV

Sabine

HANS MAGNUS ENZENSBERGER

EINE HANDVOLL ANEKDOTEN,
AUCH
OPUS INCERTUM

Suhrkamp Verlag

Erste Auflage 2018
© Suhrkamp Verlag Berlin 2018
Rechtenachweise zu Abbildungen am Schluß des Buches
Alle Rechte vorbehalten, insbesondere das der Übersetzung,
des öffentlichen Vortrags sowie der Übertragung
durch Rundfunk und Fernsehen, auch einzelner Teile.
Kein Teil des Werkes darf in irgendeiner Form
(durch Fotografie, Mikrofilm oder andere Verfahren)
ohne schriftliche Genehmigung des Verlages reproduziert
oder unter Verwendung elektronischer Systeme
verarbeitet, vervielfältigt oder verbreitet werden.
Satz: Jan Riemer, München
Druck: CPI – Ebner & Spiegel, Ulm
Printed in Germany
ISBN 978-3-518-42821-4

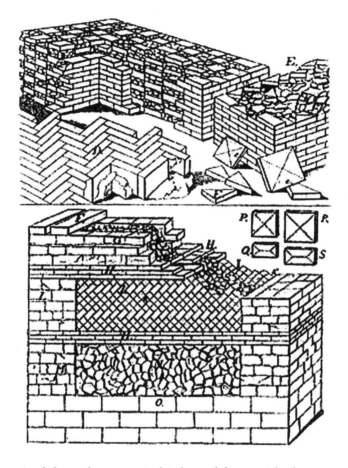

Anekdote, die; aus griechisch *anékdoton*: nicht herausgegeben, eigentlich etwas aus Gründen der Diskretion noch nicht schriftlich Veröffentlichtes, bisher nur mündlich Überliefertes. Kurze Erzählung zur Charakterisierung einer Person, einer merkwürdigen Begebenheit oder einer bestimmten Zeit.

Opus incertum, das; lateinisch = unregelmäßiges Werk, römischer Mauerbau aus Fundsteinen.

Schwarze Wochen im Herbst 1929

Das eigene Geburtsdatum ist schwer loszuwerden. Auch M. schleppt es mit sich herum. Wenn es nur die Kirchenbücher und die Standesämter wären, die auf diesem Detail herumreiten! Aber nein, es sitzt ihm, wie allen andern, zeitlebens im Nacken.

Am 24. Oktober 1929 brach an der New Yorker Stock Exchange eine Panik aus. Bis zwölf Uhr mittags brachten sich elf Kapitalisten um. Die Besuchergalerie wurde geschlossen. Unter den Gästen befand sich Mr. Churchill, ein Engländer, von dem M. erst viel später erfuhr, als er unter dem Namen Sir Winston mit einem Maschinengewehr in der Hand, einem Zylinder auf dem Kopf und einer Zigarre im Mund in einer deutschen Zeitung abgebildet wurde.

M.s Vater war anno 1929 zu Besuch bei den Verwandten seiner Frau in K., einer kleinen Stadt im bayerischen Schwaben, die von der Brauerei, der Weberei und einer lithographischen »Kunstanstalt« lebte. In einer grün tapezierten Stube, neben einem weißen Kachelofen, erfuhr er aus dem *Allgäuer*, daß in Amerika soeben ein Schwarzer Donnerstag zu Ende gegangen war. Ein paar Tage später wurde M. geboren und nach katholischem Ritus getauft. Die Notierungen an der New Yorker Börse fielen am selben Tag um durchschnittlich fünfzig Punkte.

Sein Vater hat keine Aktien besessen. Er ist damals Postassessor gewesen, danach wurde er nach Nürnberg versetzt und zum Telegraphendirektor befördert, hat aber trotz dieses wohltönenden Titels nur 450 Reichsmark im Monat verdient. Er trug eine Brille mit vergoldeten Rändern und eine dünne Krawatte. Ob er in diesen Jahren gewählt hat und, wenn ja, wen, das weiß M. nicht.

Eine jugendbewegte Frau

M.s Mutter war der Taufname Eleonore, auf dem ihr Vater bestanden hatte, zu feierlich. Die beiden älteren Brüder nannten sie Lori, und dabei blieb es. Ihre Mutter, die Walburga hieß, hat sich kaum um sie gekümmert. Als Kind mußte sie barfuß gehen. Es gab wenig zu essen, wenig Vitamine und keinen Lebertran. Die Folge waren erste Symptome einer Rachitis, die aber später geheilt wurde. Sie wurde bei den Englischen Fräulein untergebracht, deren Orden mit Großbritannien nichts zu tun hatte, sondern den Schutz der Engel für sich in Anspruch nahm. Wertvoller war das Protektorat des Vaters, der als Patriarch ein lautes Regime

führte und dafür sorgte, daß sie ordentlich gefüttert wurde. Sie war sein Liebling; er bevorzugte sie vor den zahlreichen Söhnen, die er gezeugt hatte.

Weil sie eine brave Schülerin war, unterschätzte er, wie sich bald zeigte, ihren stillen Eigensinn. Weil ihr mißfiel, was Walburga ihrer Familie vorsetzte, lernte sie in einem reichen Pfarrhaus die Kunst, etwas Gutes zuzubereiten. Dann wählte sie eine Ausbildung als Kindergärtnerin.

Dort geriet sie in das Milieu der sogenannten Reformbewegung, die danach trachtete, das Korsett abzuwerfen, Ausflüge in Wanderschuhen zu unternehmen und am Lagerfeuer zu singen. Das Wort Jugend nahm eine neue, emphatische Bedeutung an; ein eigener Stil prägte Möbel, Kleider, Fassaden und Ornamente.

Schüchtern war sie nicht. Sie mochte ihren alten Herrn, aber seine Herrscherallüren störten sie. Hinter seinem Rücken traf sie sich mit einem bargeld- und vaterlosen Mann, der in den Augen der Familie außer seinem Ingenieurdiplom nichts zu bieten hatte. Der schrieb ihr so lange zarte und einfallsreiche Liebesbriefe, bis sie sich mit ihm verlobte.

Ihren Vater hat sie nicht nach seiner Meinung gefragt. »Was dem Faß den Boden ausschlug«, schrieb er, »war das unbesonnene und unverantwortliche Verhalten Lores, die sich bisher so tadellos geführt hatte und nun plötzlich wie umgewandelt schien. Jedenfalls wollte sie sich zu Haus nicht mehr das Geringste sagen lassen. Sie brachte es über sich, heimlich bei Nacht und Nebel, unter Mitnahme all ihrer Habe, das elterliche Haus zu verlassen.«

Im August 1928 meldete ein lakonisches Telegramm aus Berlin, daß M.s Eltern geheiratet hatten.

Geisterhafte Vorfahren

Die meisten Menschen haben acht Urgroßeltern, von denen sie wenig wissen. Sie müssen froh sein, wenn auf einem verblaßten Photo, das sich in ein Album verirrt hat, eine dieser Personen zu erkennen ist.

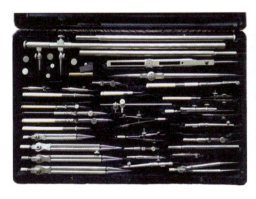

Mit den Großeltern sieht es schon besser aus. M. weiß einiges über den Vater seines Vaters, der Joseph hieß und von einem großen Bauernhof am Auerberg am Rand der Allgäuer Alpen kam. Er war von dreizehn Kindern das drittjüngste und lernte als Feinmechaniker in Nesselwang bei der Firma Riefler, wie man Reißzeuge baut. M. hat von ihm sein Gesellenstück geerbt, das in einem großen Futteral lag. Es enthält, auf blauen Samt gebettet, achtzehn Teile, darunter Stech-,

Zieh-, Haar-, Nullen- und Spitzenzirkel, Reißfeder und Kopiernadel.

Sonst weiß M. nicht viel von ihm. Es heißt, daß er sich 1894 bei der Königlich Bayerischen Telegraphen-Werkstatt bewarb, aber nicht angenommen wurde. Später zog er nach Nürnberg, engagierte sich im katholischen

Kolpingwerk, erwarb den Meisterbrief und arbeitete als Lichtmonteur bei der städtischen Straßenbahn. Er heiratete die Tochter des Hausmeisters im katholischen Gesellenhospiz, eine schöne, stolze Frau. Auf dem Hochzeitsphoto blickt das Paar ernst und gefaßt in die Kamera, sie bekränzt, weißbehandschuht und mit Brautschleier, er mit einem Zylinderhut, den er auf ein hochbeiniges Tischchen abgelegt hat. Damals war der Gang zum Studio des Photographen noch eine feierliche Zeremonie. Das Portrait hat sich erhalten, es ruht auf schwarzem Karton in einem marmorierten Album. M.s Vater hat die Bildlegende sorgfältig in weißer Tusche ausgeführt.

M.s Großmutter Elisabeth überlebte ihren Mann, der schon 1916 starb. Sie hauste als Witwe fünfzehn Jahre lang in einer winzigen Wohnung hinter der Stadtmauer und entwickelte eine eigensinnige Frömmigkeit, die ihr Sohn nicht teilte, aber ertrug. Um ihn bis zum Abitur zu ernähren, mußte sie an der Garderobe des Volksbads arbeiten, um ihre winzige Rente aufzubessern. Sie war eine stille Frau. 1931 ist sie verstorben.

M. hat nur zwei Großeltern zu Gesicht bekommen, von denen er einiges berichten kann. Die beiden andern lernte er nie kennen. Für ihn leben die Ahnen nur in einigen sepiafarbenen Photos fort, so wie die Geister der Toten bei den Afrikanern.

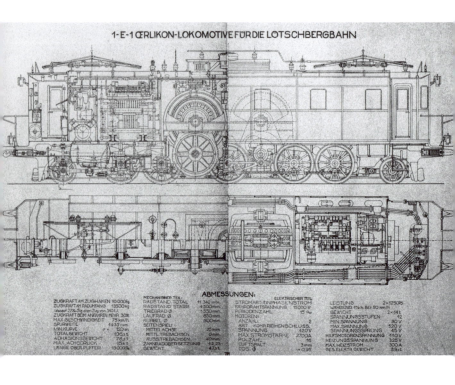

Der Freitisch

M.s Vater studierte an der Münchner Technischen Hochschule zuerst Maschinenbau, dann Elektro- und Fernmeldetechnik. Er hatte die besten Noten, aber kein Geld. Im Bürgertum fanden sich wohlhabende Familien, die Mahlzeiten für mittellose Waisen anboten. Der angehende Diplomingenieur verdingte sich aber auch, um ein paar Rentenmark zu verdienen, als Komparse beim Stummfilm. Er besaß sogar einen Detektor-Empfänger, den er selbst gebaut hatte. Obwohl der Apparat krächzte und rauschte, bewunderte er das neue Medium. Er bewarb sich als Ansager bei der Münchner »Deutschen Stunde«, einem der ersten regelmäßigen Radiopro-

gramme, was ihm viele Briefe von Hörerinnen einbrachte; er hatte Erfolg bei den Damen, denen seine Stimme gefiel. Trotz seiner Armut war und blieb er großzügig. Auf die Großtuerei und die verschwenderischen Neigungen seiner Kommilitonen reagierte er mit Sarkasmus.

Nichts Besonderes aus den ersten dreißig Monaten

M.s früheste Erinnerungen geben nichts her. Er ist damals zu klein gewesen, um etwas Bemerkenswertes erlebt zu haben. Am Seitengitter seines himmelblau lackierten Bettchens hat er sich in die Höhe ziehen müssen, um zu sehen, was sich vor dem Fenster des Zimmers abspielte. Dort erschien in der Morgensonne pünktlich eine lange Karawane von großen, gelben Lastwagen, die aus einem Pakethof kam und elektrisch summend auf der Straße vorbeizog. Jedes dieser kastenförmigen Automobile streckte beim Abbiegen einen ellenlangen roten Winker aus, der sich sonderbar langsam auf und ab be-

wegte, bevor er sich wieder zusammenfaltete.

Das menschliche Gedächtnis ist ein rätselhaftes Organ. Kein Hirnforscher vermag zu erklären, warum M. zu der Frage nach seinen frühesten Erlebnissen nichts Spektakuläreres einfällt als dieses Bild.

Unter Brüdern

M. war der älteste von vieren. Darüber lassen sich umfangreiche Romane schreiben. Manche Erzähler tun das, und oft behandeln sie dieses Thema, als ginge es um einen Krieg. Wer wird benachteiligt, wer wird vorgezogen? Niemand hat es leicht mit der wirren Dynamik, die unter Geschwistern herrscht. M.s Eltern gaben jedem ihrer Kinder zwei Vornamen, wobei sie sich an die Schutzpatrone ihrer Vorfahren hielten. Doch dazu wurde jeder mit einem kindlichen Ruf- oder Spitznamen bedacht, gegen den kein Protest half und der an ihm hängenblieb bis ans Lebensende, ja sogar darüber hinaus.

Das fängt schon damit an, daß der Erstgeborene sich gewöhnlich aufspielt, als hätte er das Sagen. An ein besonders infames Beispiel erinnert sich M. ungern. Er brachte seinen kleinen Bruder Christian, der im Gewirr der Gassen in der Altstadt leicht die Orientierung verlor, dazu, ihm bis zu einem Laden zu folgen, der sich »Stempel-Pensel« nannte und versprach: »Bei uns können Sie alles drucken!« M. verlangte, daß der Kleine das Geschäft betrat und den verblüfften Besitzer aufforderte, sein Versprechen zu halten und den Namen des Bruders zu drucken. »Wenn du das nicht machst, laufe ich dir davon, und du findest nicht wieder nach Hause«, drohte der ihm und sah durch das Schaufenster zu, wie der verzweifelte Bruder seinen Wunsch vorbrachte, freundlich, aber bestimmt abgewiesen wurde und weinend zu seinem Peiniger zurückkehrte, der ihn wieder an die Hand nahm. Daheim versäumte »der Jani« – so lautete sein Spitzname – nicht, sich bei der Mutter über M. und über dieses unerfreuliche Abenteuer zu beschweren.

Alle M. nachfolgenden Brüder wehrten sich nach Kräften ihrer Haut. Mußten sie die Schuhe erben, die M. zu klein wurden? Mußten sie sich mit einem Brummkreisel begnügen, der den Reiz der Neuheit längst eingebüßt hatte, und umgefärbte Pullover tragen? Legte der kleine M. seine Brüder herein, die noch kleiner waren als er? Ließ er sie im Regen stehen? Hat er sie geplagt? War er ein Tyrann? Und wen schätzte der Vater? Den Ältesten? Wer war der Liebling der Mutter? Der Jüngste?

Solche langweiligen Fragen wurden beim Essen hartnäckig beschwiegen, aber sie wurden jedesmal laut, sobald es Streit gab. M. wundert sich nicht über solche Konflikte, sondern über die rätselhaften Kräfte, die, immer, wenn es darauf ankam, den Clan zusammenhielten. Er schreibt sie nicht den Kindern, sondern den Eltern zu. In manchen Familien dauert der Zwist der Brüder an, solange sie am Leben sind. M. erklärt, bei ihnen sei es zum Glück nie so weit gekommen.

Eine erste Liebe

Im Süden der alten Reichsstadt Nürnberg wohnte man, wie es hieß, »hinter dem Bahnhof« in einer sehr bescheidenen Straße. Villen gab es dort nicht, nur enge Mietwohnungen, Hinterhöfe und Lagerhallen. Die größte Attraktion dieser Gegend war für M. ein kleines Lebensmittelgeschäft in der Nachbarschaft. Diesem Tante-Emma-Laden verdankte er seine erste Lektion in der Warenkunde. Neben einer großen Milchkanne mit einem Trichter standen offene Säcke mit Linsen und Kartoffeln. Auf dem Tresen und in den Regalen waren unbekannte, bunt verpackte Bonbons ausgestellt, die nur wenige Pfennige kosteten. Das Glanzstück des Ladens war jedoch eine große, vor dem Eingang aufgestellte Tafel, die den Kunden mit dem Bild einer großen Pralinenschachtel reizte. Unter diesem Gemälde war eine Reihe von Quadraten zu sehen, die statt einer Aufschrift nur stumme Pünktchen trugen. Was das zu bedeuten hatte, verstand M. nicht.

Glücklicherweise war die Tochter des Krämers, ein blondgelocktes gleichaltriges Mädchen, bereit, ihm den Sinn dieses mysteriösen Apparats zu erläutern. »Wenn du

einen Fünfer hast, mußt du ihn in den Schlitz einwerfen. Siehst du das kleine spitzige Ding, das an der Kette hängt? Das ist eine Ahle. Mit der stichst du dann in einen dieser Punkte auf der Tafel. Es klingelt, und weiter unten kommt eine Kugel heraus, und du gewinnst etwas. Eine weiße Kugel bedeutet eine Lakritzenstange, die grüne eine Rolle Pfefferminz und so weiter. Wenn du Glück hast, triffst du die beste von den Kugeln, die einzige, die golden ist. Dann kriegst du die große Pralinenschachtel.«

Das Mädchen legte ihm den Arm auf die Schulter, sprach ihm Mut zu und drückte ihm den spitzen Griffel in die Hand. Als er zustach, läutete ein Glöckchen, und eine goldene Kugel fiel heraus.

Erst als er zu Hause mit seinem unverhofften Gewinn ankam und atemlos berichtete, wie er dazu gekommen war, erklärte ihm die Mutter, daß der schlaue Besitzer eine kleine Lotterie eingerichtet hatte. Die kleine Klara aus dem Laden war die erste Frau, in die er sich verliebte.

Singer's Nähmaschine war die beste

Nie gefehlt hat es M. an Tanten und Onkeln. Die liebste war ihm eine Schwester des Großvaters. Als Kind mußte er zwar in den Sommerferien manchmal auf dem Bauernhof der Allgäuer Vettern so tun, als helfe er ihnen bei der Heuernte. Man gab ihm einen Rechen in die Hand, und auf dem Heimweg durfte er hoch auf dem Heuwagen thronen. Aber viel lieber brachte er ein paar Wochen in dem verwunschenen Häuschen seiner Tante Theres zu. Die lebte ganz allein am Rand der Kleinstadt K. Mit den Männern hatte sie nichts im Sinn. Eigene Kinder hatte sie nie. Ihre Vorliebe galt den Buben der Verwandten und der Nachbarn, die bei ihr immer willkommen waren. Jedem setzte sie im Sommer ein Noppenglas mit selbstgemachtem Holundersaft vor, aus dem lauter kleine Bläschen aufstiegen, weil er moussierte; im Winter dagegen wurden ihre Gäste mit einem Kakao traktiert.

Wie klein sie war! Ihr Teint war dunkel. Ihr ergrautes Haar trug sie zu einer Art Dutt gebunden. Sie versorgte die Waisenkinder der Gemeinde mit Latzhosen und Hemdchen. Gewöhnlich ließ sie sich auf einer kleinen Empore am Fenster nieder, wo es nach Mottenpulver und Nähkreide roch. In verschnörkelten Goldbuchstaben war der Name *Singer* auf der hölzernen Haube der Nähmaschine zu lesen.

M.s Mutter hat diese Maschine geerbt und sie noch lange gebraucht, obgleich es längst neuere Modelle gab, bei denen der Faden nicht riß und der Transmissionsriemen aus schwarzem Gummi nicht mehr abspringen konnte, weil er im Gehäuse verschwunden war, ebenso wie der brausende Lärm, den das vernickelte Schwungrad hervorrief – ein Geräusch aus dem neunzehnten Jahrhundert, das sich wie ein behagliches Echo auf die Parole vom sausenden Webstuhl der Zeit reimte.

Hinter dem Haus gab es einen Garten, der M. sehr weitläufig erschien. Dort stand in einer Grotte aus Tuffstein eine Gipsmadonna, die mit einem sternenübersäten blauen Mantel angetan war.

M. durfte die Tante Theres manchmal beim Einkaufen begleiten. In der Drogerie schwatzte sie so lange mit dem Besitzer, bis der verschiedene, schön verpackte kleine Seifen herausrückte, die nach Jasmin, Pomeranzen und Moschus dufteten. Doch wenn die Tante unterwegs eine Nachbarin traf, wollten die Geschichten, die sie einander erzählten, kein Ende nehmen. M.s Geduld war diesen Ritualen nicht gewachsen. Er wälzte sich so lange schreiend auf dem Gehsteig, bis die Damen endlich Abschied voneinander nahmen. Zur Strafe verbannte die erzürnte Tante den winzigen Neffen auf den Dachboden, wo es große alte Wäschekörbe, Koffer und Kommoden gab. Der Speicher war eine Fundgrube von Schätzen aus den fernen Friedenszeiten vor dem Ersten Weltkrieg.

Damals, anno 1869, hatte die Tante als erste von fünf Geschwistern das Licht der ersten Gaslaternen in der Kleinstadt erblickt. Nie wollte sie, daß ein Trödler mit den Hinterlassenschaften aufräumte. M. trat seine Buße mit dem größten Vergnügen an. In den verstaubten Koffern und Truhen fand er Schätze wie einen pelzigen Muff und uralte, mit Holzschnitten geschmückte Zeitschriften. Das Beste aber waren die bunten, halbkolorierten Münchner Bilderbogen, auf denen ferne Landschaften, Vulkanausbrüche und biblische Szenen zu sehen waren. Auch mit Max und Moritz machte M. Bekanntschaft, zwei genialen Figuren aus dem Werk von Wilhelm Busch, mit denen sich zu identifizieren ihm nicht schwerfiel.

Die Tante Theres hat M. seine infantilen Wutanfälle immer vergeben.

Das Ende dieser eigensinnigen, frommen, herzensguten Frau war entsetzlich.

Anfang der fünfziger Jahre ließ ihr Augenlicht nach, sie wurde dement, und ihre Brüder verstanden nicht

mehr, was sie sagte. Der Arzt sprach von einer Zerebralsklerose und verlangte ihre Einweisung in ein Heim nahe der »Heilanstalt«, einem berüchtigten Ort, der in der ganzen Gegend sprichwörtlich war; denn in den Jahren der Diktatur waren dort die Helfershelfer der Euthanasie am Werk gewesen. Als sie, die immer für die anderen da war, dort mit dreiundachtzig Jahren starb, breitete sich in der Familie das verspätete Gefühl aus, daß sie an der Tante Theres manches versäumt hatte.

Nach ihrem Tod ist ihr Bruder Georg in das Häuschen mit der grünen Veranda eingezogen. Er war der Altphilologe der Familie. M. hütet bis heute einen großen Wandteller aus Phanolith-Porzellan, dessen weißes Relief auf schiefergrauem Grund zeigt, wie Hermes die Aphrodite umwirbt, indem er ihr die Sandale zurückbringt, die Zeus in Gestalt eines Adlers ihr entwendet hatte. Auf der Rückseite ist die Mettacher Türmchenmarke zu erkennen. Dort gibt es auch ein Monogramm des Künstlers. Wahrscheinlich brachte Georg dieses Andenken von einer Italienreise auf Seumes Spuren mit.

Der pensionierte alte Schulmann, ein etwas penibler, absolut integerer Mensch, hat zeit seines Lebens das Land der Griechen mit der Seele gesucht; gesehen hat er es nie.

Kinderlos, mit einer strengen, dünnen Frau verheiratet, ging er einmal in der Woche abends in die *Rose* am Obstmarkt zum Tarocken.

Er war ja immer so besonnen! Politisch war er stumm. Von der Nationalsozialistischen Deutschen Arbeiterpartei nahm er keine Notiz und hielt unbeirrt an seiner gebildeten Mission fest.

Dienstwohnung

Jeder Umzug ist ein Abenteuer. M. gefiel schon der olivgrüne Möbelwagen, und er sah zu, wie die Packer Schränke, Kisten und Kommoden durch das Treppenhaus hievten. Daß dabei manches zu Bruch ging und mancher Trödel auf dem Müll landete, kümmerte ihn nicht. Neue Wörter mußten erlernt werden. Was war ein Scheckamt? Was soll das überhaupt sein, ein Scheck? Was verbarg sich unter dieser Bezeichnung? War die Dienstwohnung nur ein Deckname? Aber wofür?

Das Gebäude, in das die Familie zog, kam M. riesig vor. Es war kein Mietshaus, sondern ein weitläufiges Amtsgebäude, in dem tagsüber viele Angestellte, Kunden und Bittsteller aus und ein gingen. Erst abends, nach Büroschluß, leerten sich die Schalterhallen, die Korridore und Treppenhäuser. Nur ein Seitenflügel war bewohnt. Über die Einfahrt vom Hof führte ein privater Eingang in die verheißungsvoll helle, geräumige neue Bleibe. Der größte Raum war ein viel zu großer, leerer Flur. Die Fenster gingen

23

auf einen Park hinaus. Alles schien frisch gestrichen: die Türen, die Küche und das Bad mit der bläulichen Gasflamme. Eine kleine Treppe führte zum »oberen Boden«, einem niedrigen Mezzanin, auf dem sich M.s Vater seine Werkstatt einrichtete, mit einer Drehbank, Dutzenden von Hobeln, Beiteln, Schraubenschlüsseln und Schachteln. Außerdem gab es eine dunkle Besenkammer, wo man sich in einem hohen Wäschekorb verstecken konnte.

M. nahm sich vor, die neue labyrinthische Umgebung, in der er die nächsten zehn Jahre zubringen würde, gründlich zu erforschen.

Ein besonderer Eingang führte, ein paar Treppen höher, zur Wohnung des Herrn Präsidenten, von dem wenig zu sehen war: sein schwarzer, pelzbesetzter Paletot, sein Chauffeur, das schwarze Auto und die schweigsame, magere Hausdame mit der hochgesteckten Frisur, die ihn zu umsorgen hatte, denn eine Frau Präsidentin gab es nicht. Es hieß, daß er für die SS-Uniform, die er an gewissen Tagen anlegte, nichts könne; die sei ihm nur ehrenhalber zuteil geworden.

Auch Herr Kraft, der Hausmeister, hatte hier seine Dienstwohnung, allerdings im Souterrain, wo es nie ganz hell wurde. Seine Frau sah aus, als ob sie es an der Lunge hätte. Er liebte die Musik. Am Wochenende, wenn ein Fenster offenstand, waren die Potpourris aus seinem Grammophon zu hören. Knirschend gab der gemarterte Schellack einen Operetten-Querschnitt, den Egerländer Marsch oder die *Meistersinger*-Ouvertüre zum besten. Die Sonnenseite seines Lebens glich einem ewigen Wunschkonzert. Aber wenn er mit seinem Schäferhund durch das Haus patrouillierte, griff er scharf gegen jeden Unbefug-

24

ten durch. M. mußte sich davor hüten, ihm auf seinen Expeditionen zu begegnen. Bei seinen Kontrollgängen trug der Hausmeister eine Art Livree. Nur in seiner Freizeit bevorzugte er die braune Tracht der SA.

Ob man Kinder verwöhnen darf

M.s überlebender Großvater, der als gefürchteter Konrektor eines Gymnasiums in der Pfalz lebte und sich bester Gesundheit erfreute, riet davon ab, die Kinder gewähren zu lassen. M.s Eltern schlugen seine Mahnungen in den Wind. Zwar durften die Geschwister das Haus im Winter nicht verlassen, ohne rote, selbstgestrickte Rotkäppchenmützen, warme Schals und Fausthandschuhe zu tragen; sonst hätte ihnen ja eine gefährliche Halsentzündung drohen können.

Ansonsten aber ließ man sie in Ruhe.

Oft wurden ihnen Wohltaten zuteil, von denen andere nur träumen konnten. Obwohl das Haushaltsgeld nie ganz ausreichte, gab es Spielsachen in Hülle und Fülle. Eine der ersten Gaben, die sein Vater für M. bereithielt, war eine selbstgezimmerte, weißlackierte Schaukelente mit gelbem Schnabel, deren Kufen, weil sich die Nachbarn über das Wummern des Reiters beschwerten, mit einem Belag aus dunklem Gummi versehen werden mußten.

Spätere Geschenke waren ein Tretroller, ein Dreirad, ein Kaufladen, ein Chemie- und ein Zauberkasten, ein Werkzeugkistchen, auf dem »Schwing's Hämmerchen!« geschrieben stand, eine fauchende Dampfmaschine mit einem kupferroten Kessel und einem Ventil, das schril-

le Pfiffe ausstieß. M. verwahrt bis heute einen hölzernen Eisenbahnzug, den sein Vater selbst erbaute, mit Dampflok, Tender, grünen Personen-, gelbem Gepäck-, rotem Speise- und blauem Schlafwagen, mit beweglichen Radsätzen und genauer technischer Beschriftung in weißer Tusche – ein Wagenpark, der im Lauf der Zeit durch eine komplizierte, elektromechanische Anlage der Spurweite Null Null mit Bahnhof, Stellwerk und Transformator übertroffen wurde.

Zur Adventszeit baute der Vater jedesmal eine winterliche Krippe auf, die mit Schnee aus Gips bestreut war. Eine Platte aus Graupenglas stellte den zugefrorenen Teich dar. Die Kinder holten Moos herbei, das fürs Buschwerk sorgte. Bunte bemalte Figuren und ein kleiner Säugling komplettierten die Heilige Familie im beleuchteten Stall, und ein silberner Mond glänzte über dem nördlichen Bethlehem.

Die seelischen Schäden, die all diese maßlosen Privilegien bei ihm anrichteten, haben sich, wenn man M. glauben will, in Grenzen gehalten.

Eine erste Enttäuschung

Als M. noch klein genug war, um sich zwischen den gegrätschten Beinen eines Mannes durchzudrängeln, hat man ihm einen Menschen gezeigt, den zu begrüßen sich die halbe Stadt versammelt hatte.

Der Alltag war außer Kraft gesetzt, die große Ringstraße abgesperrt, und alle Straßenbahnen standen still. Leute mit Armbinden und Lederkoppeln hatten ein Spalier gebildet, um die Zuschauer zurückzuhalten. Ein Versprechen lag siedend in der Luft. M. war nicht alt genug, um zu verstehen, worauf die Leute warteten, aber er ließ sich vom Sog der Menge mitreißen.

Er wand sich zwischen den glänzenden Schaftstiefeln der Riesen durch und sah, wie sich auf der breiten, leeren Straße hinter einer Kolonne von Motorrädern ein Wagen mit offenem Verdeck näherte. Eine Wolke von Jubel stieg auf, die Zuschauer reckten die Hälse, hoben die Arme hoch und stießen Schreie aus.

In dem Auto stand ein unscheinbarer, schnurrbärtiger Mann, der starr nach vorne blickte. Seine Haare waren auf die Stirn geklebt. Den rechten Arm hob er abgeknickt nach oben und ließ ihn ruckartig wieder fallen.

Dann war die Kavalkade schon vorbei, das Spalier löste sich auf, und die Menge strebte in angeregter Stimmung zu den Bratwurstständen und Biertischen, um sich zu erfrischen. War das alles? M. wußte nicht, was ein Nazi war. Diese Abkürzung kam in seinem Wortschatz nicht vor. Er hätte nicht sagen können, was er erwartet hatte, aber etwas Unerhörtes muß es gewesen sein. Immerhin war der Führer an ihm vorbeigefahren. Gern hätte er zu den Begeisterten gehört, doch verspürte er nur ein flaues Gefühl im Magen. Ihm war so, als hätte man ihm zu Weihnachtsabend ein verheißungsvolles Paket geschenkt und es wäre nur Holzwolle darin gewesen.

Seinen Enttäuschungen verdankt M. mehr als seiner Phantasie.

Traumabwehr

Mit seinen Träumen wollte M. nichts zu tun haben. Nie warteten sie mit Überraschungen auf. Sie hielten sich hartnäckig an ein festes Repertoire. Ach, da sind sie ja schon wieder, die roten Ameisen!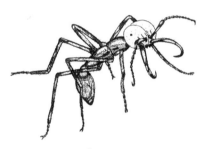
Diesen Albtraum kannte er auswendig. Er ging auf einen jener Fortsetzungsromane zurück, die er gelesen hatte und die ihm Schauer über den Rücken jagten.

Eine Farmerfamilie in Afrika, fern der nächsten Ansiedlung, muß mit ansehen, wie sich der Horizont verfinstert. Eine Ameisenarmee fällt in die Gegend ein und überwältzt nicht nur die Ernte, sondern die gesamte Vegetation. Die roten Insekten kommen immer näher. Die Bewohner verbarrikadieren das Blockhaus, in dem sie wohnen. Das Ameisenheer ist unaufhaltsam, nagt an den Balken und rückt durch den Schornstein und die Ritzen der Wand ins Innere vor. Die krabbelnde Masse kriecht an den

Beinen hoch und macht sich über die Brust und das Gesicht der Belagerten her.

Das ist der Moment, an dem M. aufwacht. Er hat ihn kommen sehen, weil er weiß, daß alles bloß ein Traum ist.

Ein anderer Illustriertenroman handelt vom »Libellenkrieg«. In den Sümpfen am Oberlauf des Nils sind durch eine Mutation riesige Insekten entstanden. Die Zoologen sprechen vom Luxurieren einer Spezies. Die Libellen, groß wie gepanzerte Hubschrauber, ziehen nordwärts, bedrohen Ägypten und machen sich auf den Weg über das Mittelmeer. Die derzeit tief zerstrittenen europäischen Mächte beschließen angesichts dieser Invasion, ihre Luftwaffen und Kriegsflotten zu mobilisieren und sich gemeinsam zu verteidigen. (Man schrieb das Jahr 1936.) Im Roman zeichnen sich die deutschen Flieger in der Luftschlacht vor dem Nil-Delta beim Abschuß der gefräßigen Bestien natürlich durch besonderen Mut aus. Aber auch hier wacht der Träumer in genau dem Augenblick auf, als die Gefahr am größten ist.

Auch von langweiligeren und banaleren Träumen wird M. geplagt, die von versäumten Zügen, verlorenen Schlüsseln und nie bestandenen Prüfungen handeln.

Angeödet von solchen wiederkehrenden Heimsuchungen, beschließt er, in Zukunft nicht mehr zu träumen. Das ist leichter gesagt als getan. Immerhin gelingt es ihm, die Erinnerung an den Albdruck zu löschen. Er trainiert eine Gegenwehr, die, wie er später hört, in der Wissenschaft *Traumzensur* genannt wird. Am Morgen weiß er nicht mehr, welchen Müll das Unbewußte ihm im Schlaf herbeigeschleppt hat. Jeder Deutung zieht er die Verdrängung vor. M. begreift einfach nicht, wozu das ganze Theater gut sein soll. Von Traumberufen, Traumfrauen, Traumurlauben und ähnlichen Verheißungen will er nie wieder etwas hören, seitdem er den Angriff der roten Ameisen überstanden hat.

Ein Häuschen

Im weitläufigen Flur gab es Platz genug für ein kleines Gebäude, das M.s Vater für ihn errichtete. Es stand in einer Ecke, war aus vier Pfosten und ein paar Brettern zusammengenagelt, hatte eine Fassade aus gebeiztem Rupfen und besaß eine Tür, drei Fenster und einen Schornstein. Das Dach war mit roten, weiß umrandeten Ziegeln bemalt. M. war stolz auf diese kleine Immobilie, in die er nur ungern seinen kleinen Bruder einlud. Nur wußte er zunächst nicht, was er mit ihr anfangen sollte. Ein Puppenhaus wäre unter seiner Würde gewesen. Wie wäre es mit einem Laden? Ein Schild mit der Aufschrift *Kolonialwarenhandlung* war schnell angebracht, aber woher sollte die Ware kommen? Ein paar Bonbons, ein paar bunte Glasmurmeln genügten kaum, um die Kundschaft anzulocken. M. versuchte es mit angeblichen Limonaden, die aus mit Farben aus dem Malkasten getöntem Wasser bestanden. Auf diesen Trick fiel niemand herein. Daraufhin verwandelte sich das Häuschen in ein Kontor. Stifte, Kuverts, Briefmarken, Büroklammern und Locher waren leicht zu beschaffen. Man konnte an diesem Platz ungestört zeichnen, Briefe

verfassen oder Hefte mit Sütterlin-Schrift füllen. Aber wozu das Ganze?

Ein neues Geschenk kam M. zu Hilfe. Im Warenhaus war ihm eine Schachtel mit der Aufschrift *Druckerei* aufgefallen, und er bettelte seine Mutter so lange an, bis sie nachgab. Tatsächlich enthielt die Packung, was er sich von ihr versprach: eine Menge von assortierten Buchstaben und Regletten aus Gummi, eine Pinzette, eine Reihe von Fächern, in die der Satz einzufügen war, und vor allem ein dickes, dunkelblau glänzendes Stempelkissen, mit dem man seine Botschaften einfärben und beliebig oft vervielfältigen konnte.

Abnehmer für seine Produkte waren freilich auf die Dauer schwer zu finden, so daß auch der Druckereibetrieb erlahmte und M. das Häuschen seinem Bruder überließ. Wie wird es wohl sein Ende gefunden haben? Verwaist im Keller, verschenkt oder eingeäschert durch eine Phosphorbombe?

Nicht aller guten Dinge sind drei

Seinen Bruder Martin, der immer nur Bibs genannt wurde, hat M. nie ganz verstanden. Er war der dritte, und als er zur Welt kam, war sein Vater nicht begeistert, auch wenn er zum Wachstum der Familie gute Miene machte. Als er in die Schule kam, stellte sich heraus, daß dieser schweigsame, sture Junge der eigentliche Rebell der Familie war. Er hielt nichts von den Ambitionen seiner Brüder, las keine Bücher und fand es nicht verlockend, zu studieren. In den Kriegsjahren freundete er sich mit einem kinderreichen Clan an, der das bürgerliche Milieu verachtete und es vorzog, in einer Bruchbude am Rande der Kleinstadt von der Winterhilfe und von undurchsichtigen Transaktionen zu leben. Wo es etwas abzustauben galt, waren die »Fischerle« zur Stelle, obgleich ihre Mutter, eine Zigeunerin, die Heiligenbildchen an die Wand heftete, kriminelle Neigungen mißbilligte.

Zum Kummer des Vaters brachte Bibs schlechte Noten nach Hause. Ein Abitur kam für ihn nicht in Frage. Er machte eine schlechtbezahlte Setzerlehre, und zur Überraschung der Eltern entwickelte er sich zu einem hervorragenden Typographen. Fast gegen seinen Willen machte er als Graphiker Karriere bei Suhrkamp, beim Bruckmann-Verlag und bei einer berühmten Porzellanmanufaktur.

Einmal hat er sich als Schlafwagenschaffner so viel Geld verdient, daß er sich für einen langen Sommer in Frankreich von der Brotarbeit befreien konnte. Das muß Ende der fünfziger Jahre gewesen sein. In Rambouillet lernte er

Französisch. Er verliebte sich in ziemlich viele Freundinnen mit recht verschiedenen Tugenden. M. erinnert sich an eine kleine Schwedin, die er im Schlafwagen kennenlernte, an die Tochter eines französischen Provinznotars und an eine bayrische Apothekerin. Keine dieser Damen verhalf ihm zu einem Kind; alle mißbilligten seinen Mangel an Klassenbewußtsein. Für die Ehe war er ungeeignet.

Irgendwann gründete er eine eigene Firma, die mit ihrem erstklassigen Satz in der Branche für Aufsehen sorgte. Er produzierte aufwendige Schriftmusterbücher und konnte sich ein Sommerhaus und ein Segelboot leisten. Es war der Erfolg, der ihm eine tückische Falle stellte, aus der er sich nie befreien konnte. Er fand sich eingeklemmt zwischen Rebellion und Kapital. Die Konkurrenz unterbot seine Preise, er mußte in immer neue Photosatztechniken und Programme investieren, um seine Qualitätsstandards zu halten; die Bank verlangte Sicherheiten, und der Betriebsrat drohte mit Streik.

Hat M. ihn genügend anerkannt? Am Ende hat er sich für seine Geschwister nur so lange interessierte, wie es ihm paßte. Ältere Brüder wissen immer alles besser. Das gehört zu ihren Untugenden.

Zu spät entdeckten die Ärzte, als Martin fünfzig Jahre alt war, einen Tumor in seiner Lunge. Er ist als erster

der Geschwister gestorben. Vorwürfe hat er niemandem gemacht, obwohl alle das Gefühl hatten, sie hätten etwas an ihm versäumt. In einem Hospiz am Tegernsee hat er sich friedlich von der ganzen Familie verabschiedet.

Vom Laster der Lektüre

Mit seinen Eltern hat M. Glück gehabt. Die ließen ihn fast immer das machen, was er wollte, ganz im Gegensatz zu einer Außenwelt, die ihm immerzu mit Vorschriften gekommen ist, ob in der Schule, bei Aufmärschen oder in Turnhallen. Lehrer, Funktionäre, Mitschüler, Hausmeister, Pfarrer, Polizisten – alle wollten etwas von ihm, das ihm mißfiel. Nur zu Hause war Ruhe.

Nie hatte er Lust, seinen Vater umzubringen oder mit seiner Mutter ins Bett zu steigen. Zwar weiß er Sophokles

und seine Tragödien zu schätzen, und gerne liest er in den fremdartigen, aber unterhaltsamen Erzählungen Sigmund Freuds. Doch kamen sie ihm exotisch vor, wie die Bilder aus weit entfernten Kolonien. Auch wissenschaftliche Werke wie *Autorität und Familie* oder *Triebstruktur und Gesellschaft* konnten daran nichts ändern, die ihm später in die Hände fielen.

Verbotene Bücher gab es in seinem Elternhaus nicht. Vielleicht deshalb ist er dem Laster der Lektüre schon im Alter von fünf Jahren erlegen. Damals hat er sich über die sogenannten Kinderbücher geärgert, die diesen Namen kaum verdienten, weil sie in wenigen Minuten ausgelesen waren, eine Verknappung des Vergnügens, hinter der er die betrügerische Absicht habgieriger Verleger vermutete. Voluminösere Werke waren ihm lieber. Eines dieser »richtigen«, dicken, unerschöpflichen Bücher, die Grimmsche Märchensammlung, war in grünes Leinen gebunden, mit Frakturlettern gedruckt und mit Hunderten von Ludwig Richters Holzschnitten geschmückt, in deren krauser Vegetation das Auge lange lustwandeln konnte. In der Bibliothek seines Vaters hat er aber noch ganz andere, spannende Entdeckung machen können. *Das Weib bei den Naturvölkern* und *Die Schönheit des weiblichen Körpers* studierte er eingehend mit der Taschenlampe unter der Bettdecke.

Ein vielseitiger Mann

Werktags ging der Vater ins Büro, das gleich neben dem Hauptbahnhof in einem Postgebäude lag. Nur daß er dort nichts mit Postboten und Briefmarken zu tun hatte, sondern mit dem Telephon. M. besuchte ihn einmal, um herauszufinden, was er dort eigentlich trieb. »Für reibungslose und prompte Verbindungen zu sorgen«, so erklärte er seine Aufgabe. »Das ist gar nicht so schwer. Eigentlich langweilig. Immer dasselbe. Aber telephonieren wollen sie alle.« Was Ausdrücke wie Feldstärkemessung, Hebedrehwähler und Kabelverzweiger bedeuteten, wollte M. so genau nicht wissen.

Sein Vater wäre lieber zur Bahn gegangen. Zu Hause blätterte er gerne in dicken Kursbüchern. Dort war verzeichnet, wie man am besten nach Tanger oder Wladiwostok kam. Sogar  Zahnradbahnen, Fähren und Schiffsverbindungen waren angegeben. Einmal zeigte er M., wie man auf großen Bogen graphische Fahrpläne optimieren kann, um bessere Anschlüsse zu erreichen. Er hatte nur keine Lust, bei der Verwaltung der Reichsbahn zu antichambrieren, und so blieben seine Vorschläge in der Schublade liegen.

Mit seiner Beamtentätigkeit, die er mit einer Art von Ironie, wie mit der linken Hand, erledigte, war er unterfordert. Leise vor sich hin summend, saß der Vater abends am Schreibtisch, wo er nicht gestört werden durfte, und gab sich anderen Dingen hin. Er spielte Zither, für die er ganze Partituren transponierte, heftete seine Reisen in penibel ausgeführten Statistiken ab und entwarf Baupläne für Konstruktionen aus seinen unerschöpflichen Metallbaukästen aus dem Hause Trix. Mit Tusche und Farbstift ausgeführte Risse gaben die Bauanleitungen vor. Auf großen Brettern wurden beispielsweise ein meterhoher Leuchtturm, ein Hafenkran oder eine Rheinbrücke aufgebaut. Noch aufwendiger nahm sich sein Vorrat von Anker-Steinbaukästen aus. Sorgfältig bereitete er Grund- und Aufrisse seiner Gebäude vor, bis zuletzt ein Palast, ein Hauptbahnhof oder eine Moschee aus gelben, roten und blauen Steinen errichtet waren.

Oft zog er sich in seine Werkstatt auf dem »oberen Boden« zurück, wo er schnitzte, sägte oder Lampen baute. In Alben und Schachteln verwahrte er seine Photographien. Er besaß eine Leica. Manchmal durfte M. zusehen, wie er in der Dunkelkammer bei rotem Licht seine Aufnahmen entwickelte, wie er das Negativ belichtete, vergrößerte und fixierte. Wie durch Zauberhand erschien das, was er auf den Film gebannt hatte, auf dem chamois getönten, zackig gerahmten Papier. Datum, Objektiv, Blende und Belichtungszeit waren akribisch auf der Rückseite vermerkt, und die Rollen mit den Negativen wurden in numerierten Boxen verwahrt. Heute noch steht in M.s Regal ein Bildband mit dem Titel *Es kommt der neue Fotograf.*

Als es in Deutschland keine englischen Bücher mehr zu kaufen gab, übersetzte M.s Vater mehr als ein Dutzend Romane, Erzählungen und Essays. Die Liste der Autoren

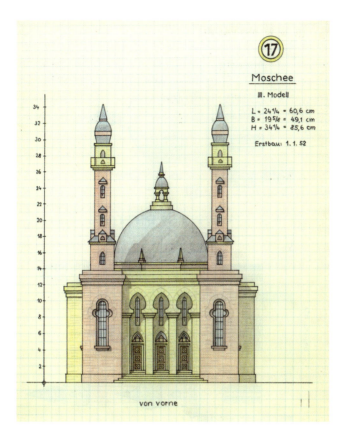

ist eindrucksvoll, sie reicht von Somerset Maugham bis zu P. G. Wodehouse und von Conan Doyle bis zu George Orwell. Die Vorlagen verschaffte er sich antiquarisch; es waren Broschuren aus der Edition Tauchnitz. Die Manuskripte tippte er auf einer Reiseschreibmaschine ab, heftete und band sie ein, alles für eine einzige Leserin, seine Frau. Nie hat er daran gedacht, damit oder mit seinen anderen Liebhabereien Geld zu verdienen. Den Markt überließ er den Kaufleuten, den Gemüsehändlern und den Banken.

Fata eines ramponierten Buches

Daß M. seine Kinderbücher mit Geringschätzung strafte, war nur die halbe Wahrheit. Die Vorliebe für ein solches Werk aus dem Jahr 1922 war so stark, daß er es von der ersten bis zur letzten Zeile auswendig hersagen konnte. Ein Vers wie der folgende kam ihm damals, mit vier oder fünf Jahren, gerade recht: »Hei, da saust der Luftballon / pfeilschnell durch die Luft davon.« In diesem Ton ging es weiter. »Der böse Hatschi Bratschi heißt er / und kleine Kinder fängt und beißt er.« Die Warnungen des Autors, sein Name war Franz Karl Ginzkey, schlug er in den Wind. »Und es ruft ein alter Rabe: / Armer Knabe, armer Knabe.« Der Illustrator hieß Erwin Tintner. Auf Titelbild und Vorsatzpapier waren schwarze Vögel zu sehen. Sie konnten M. sowenig schrecken wie eine böse Hexe, die, voll List und Hohn lächelnd, hinter dem Helden her ist. »Doch die Hexe kann zum Glück / Vorwärts nicht und nicht zurück. / Ihre Last wird ihr zu schwer, / Lange hält sie sich nicht mehr. / Plötzlich brennt sie lichterloh / Heller als ein Bündel Stroh.«

Je gefährlicher das Abenteuer, desto glücklicher wird es ausgehen. Auf diese märchenhafte Regel war Verlaß. Nur dem Buch war ein gräßliches Schicksal beschieden. Nichtswürdige Verleger haben es verstümmelt, blöde Kleckser verfälscht, pädagogische Aufseher kastriert, und am Ende wurde es ganz aus dem Verkehr gezogen, weil heutzutage jeder aufgeklärte Mensch weiß, daß es im Morgenland keine Zauberer gibt, keine Hexen und erst recht keine Menschenfresser in Afrika, und weil man bei uns scharf aufpassen muß, damit die kleinen Kinder auf keine falschen Gedanken kommen.

Eines Tages erreichte M. ein Brief aus Gelsenkirchen. Eine Dame schrieb ihm: »*Hatschi Bratschis Luftballon* war auch mein Lieblingsbuch, und, oh Wunder: es hat alle Veränderungen, Umzüge und Fährnisse meines Lebens überstanden. Ich wollte meine Söhne damit beglücken, aber sie konnten die Schrift nicht lesen und zogen ihre Lieblingsbücher vor. Da sich meine Tage dem Ende zuneigen – ich bin 82 Jahre und nicht mehr taufrisch –, möchte ich es Ihnen vermachen, d. h. schenken, falls Sie es haben mögen.«

Bilder aus dem Parteikalender

Später, viel später natürlich, hat M. oft darüber gegrübelt, ob er die Begeisterung, die damals das ganze Land ergriff, geteilt hätte, wäre er nur zehn Jahre älter gewesen. Er berief sich auf einen amerikanischen Philosophen, dessen Namen ihm leider entfallen ist. Der habe den Begriff *moral luck* geprägt. Die Generation seiner Eltern litt unter dem umgekehrten Los, dem moralischen Pech. Sie hatten zwei Weltkriege und alle möglichen Wirtschafts- und Hungerkrisen zu überstehen. Im Jahre 1929, als M. zur Welt kam, war die Gründung einer Familie ein haarsträubend kühner Schritt.

Er weiß nicht, ob sein Vater ein paar Jahre später die Aufbruchsstimmung geteilt hat, der damals Millionen anheimfielen. Gewundert hätte er sich nicht, auch wenn die »Übertreibungen«, die sich die Schreihälse auf ihren Kundgebungen leisteten, ihm sicherlich mißfielen. Eigensinnig wie er war, taugte er weder zum Genossen der Moskowiter noch zum Anhänger des neuen Regimes. Eigentlich konnte er Parteien nicht leiden. Trotzdem ist er wie seine Amtskollegen im März 1933 der NSDAP beigetreten, weil er sonst seinen Status als

Beamter und damit auch als Ernährer der Familie eingebüßt hätte.

In einer Mappe aus seinem Nachlaß hat M. in späteren Jahren die Titelseite einer Zeitung vom Juli 1934 gefunden. Sie handelte von der Mordaktion nach dem angeblichen Röhm-Putsch sowie den folgenden Maßnahmen und Anordnungen des »Führers«. Dieses Blatt hatte der Vater sorgfältig aufbewahrt. Sein einziger Kommentar waren Ausrufe- und Fragezeichen gewesen. Doppelt unterstrichen war die Meldung von der Ermordung des früheren Reichskanzlers Kurt von Schleicher. Hitler fiel zur Erschießung seines Vorgängers nur der lakonische Satz ein: »Und es soll jeder für alle Zukunft wissen, daß, wenn er die Hand zum Schlag gegen den Staat erhebt, der sichere Tod sein Los ist.«

Nach der »Nacht der langen Messer« hat M.s Vater viele Illusionen über das Regime verloren. Seitdem äußerte er sich zu Hause nur noch höhnisch über die neuen Machthaber. Eines Tages legte er der Familie einen neuen Kalender auf den Tisch, der für jede Woche das Photo eines nationalsozialistischen Chefs zeigte. »Würdest du den zum Abendessen einladen?« fragte er seine Frau. »Schau dir diesen blonden,

reinrassigen Typ an!« Damit verwies er auf einen kleinen, schwarzhaarigen Mann mit einem Pferdefuß. »Arier«, fuhr er fort, »Germanen! Nordische Menschen! Daß ich nicht lache! Ein Verbrecheralbum ist das!«

Die Mutter war über diesen Ausbruch erschrocken, auch wenn sie seine Meinung durchaus teilte. Allen, die am Tisch saßen, auch M. und seinem Bruder, war klar, daß sie eine solche Unterhaltung für sich behalten mußten. Die Heimlichkeit bewirkt bei Kindern immer mehr als das Geschrei.

Nie hat er am Rockaufschlag des Vaters das Parteiabzeichen gesehen. Die pünktlich eintreffenden *NS-Schulungsbriefe* landeten im Papierkorb. Von den zahlreichen Versammlungen und Kundgebungen hat er sich stets ferngehalten. Ein Widerstandskämpfer war er nicht. Noch 1940 war er vom Sieg über Frankreich unverkennbar begeistert.

Aber nach jedem Raptus kehrten bald Ernüchterung und Sarkasmus wieder. Geschrei und Größenwahn fand er abstoßend. Mit Parteigenossen, die er als »Gesocks« oder »Gesindel« bezeichnete, wollte er nichts zu tun haben. War das bürgerlicher Antifaschismus, oder war es Klassendünkel? Das konnte M. schon deshalb nicht entscheiden, weil er damals nicht wußte, was diese Ausdrücke bedeuten. Bis heute ist er seinem Vater dafür dankbar, daß er ihn mit seinem Widerwillen geimpft hat.

Unsichtbare Minoritäten

Juden und Schwarze sind M. in seiner Kindheit nicht zu Gesicht gekommen. Ausländer hatten Seltenheitswert in der »Volksgemeinschaft« der 1930er Jahre. Nur einmal ist ihm am Hallplatz ein Afrikaner begegnet. Er blieb ste-

hen, weil er dunkelhäutige Menschen nur aus dem Kinderbuch kannte. Bei einem Onkel gab es einen hölzernen Mohren, der einen Messingteller hielt und vergeblich darauf wartete, daß die Gäste ihm eine Visitenkarte hineinlegten.

M. starrte den geheimnisvollen Passanten verstohlen an und beschloß, ihm zu folgen. Am Ende verschwand der Schwarze in einem Haus, über dem in Leuchtschrift das Wort Varieté stand. In Schaukästen, die allerlei Sensationen anpriesen, waren Schlangenmenschen, Dompteure und Clowns zu sehen, unter ihnen auch ein Kettensprenger, in dem M. den Mann erkannte, dem er nachgelaufen war.

Ähnlich verhielt es sich mit den Juden. Sie sind immer nur in der Volksschule aufgetaucht, in Gestalt von Karikaturen aus einer Fibel mit dem Titel *Trau keinem Fuchs auf grüner Heid / und keinem Jud bei seinem Eid*. Die Abbildungen zeigten zwergwüchsige, dicke Männer in schwarzen Paletots mit riesigen Nasen, die an einer

Zigarre saugten. M. verstand sogleich, daß es sich um erfundene Figuren handeln mußte, um Märchengestalten wie das Erdmännchen und die böse Stiefmutter. Weit und breit gab es niemanden, der ihnen glich.

Nur an eine Geschichte konnte M. sich dunkel erinnern, die wohl etwas mit Juden zu tun hatte. Im zweiten Stock des alten Mietshauses »hinterm Bahnhof«, wo er seine ersten Schritte tat, lebte damals die Familie Löwendöhr. Im Treppenhaus mit dem blasigen Erbsengrün der Ölfarbe stand »Betteln und Hausieren verboten!« an der braunlackierten Wohnungstür. Aus lauter Neugier preßte M. damals das Auge an die Linse des Spions und hörte, wie hinter der verriegelten Tür Herr Löwendöhr sich räusperte.

Seine Frau huschte immer nur mit abgewandtem Gesicht vorbei, wenn er ihr auf der Treppe begegnete. Ihr Mann sprach selten mit den Nachbarn. Nur ein Satz ist M. im Gedächtnis geblieben, der sich wie ein Motto oder wie ein Grabspruch anhörte: »Wir können doch unsere Kundschaft nicht im Stich lassen.«

Dann war das Ehepaar eines Tages verschwunden. Eine Erklärung dafür gab es nicht. Die Mitbewohner sprachen von ihnen, indem sie von ihnen schwiegen. So ist von dem die Rede, wovon man nicht spricht, wenn die Kinder dabei sind.

Nie hat der Herr Löwendöhr einem Löwen ähnlich gesehen. Erst viel später wurde M. klar, wie er wirklich hieß, nämlich Levendeur. Nach dem Krieg hat M. sich Gedanken darüber gemacht, wohin die beiden gegangen sein mochten. Waren sie noch rechtzeitig über die Grenze gekommen, oder endete ihre Reise in Theresienstadt?

Ein ungeschickter Sozialarbeiter

In der ersten Klasse der Volksschule gab es einen Sechsjährigen, mit dem M. sich anfreundete. Er hieß Rümelein und kam immer barfuß zur Schule, auch wenn es regnete. Schon aus lauter Neugier schleppte er ihn zu sich nach Hause. Er wußte ja, daß seine Mutter nichts gegen solche Besucher hatte.

Auch für den höflichen Bettler, der einmal in der Woche an der Tür läutete, hatte sie eine Schwäche. Der verbeugte sich, lüftete den Hut und sprach: »Ich bin der

Bettler.« In der Küche stellte sie ihm jedesmal einen Teller Suppe hin und gab ihm ein Vierpfennigstück.

Eine warme Mahlzeit war auch Rümelein sicher, und M. durfte ihm ohne weiteres ein Paar fester Schuhe aus dem Schrank mitgeben. Er hauste auf der Hinteren Insel Schütt, einer geheimnisvollen, weil verrufenen Gegend. Dort kannte er jeden Steg, jede Mühle, die Badestuben, die verschwitzten Flickschneidereien, die Absteigen und die Oblatenbäcker, bei denen man sich für ein paar Pfennige eine große Tüte Bruch mit verschiedenen Aromen holen konnte. Himbeere war lila, Zitrone gelb und Waldmeister grün.

Die Augen seines neuen Freundes sahen komisch aus, wie bei einem Schlafwandler. Sogar bei den Schlägereien wirkte er beinahe geistesabwesend. Rümelein war gutmütig, aber es war eine düstere Gutmütigkeit. Bald lud er M. zu sich auf die Insel Schütt ein. Diese Bruchbude teilte er mit seiner stämmigen Mutter und mit drei kleinen Geschwistern, die auf einer zerschlissenen Matratze schliefen. Den Vater, den die Familie kaum zu vermissen schien, hat er nie dort angetroffen.

Hosenträger, wie Rümelein sie trug, gab es in keinem Herrengeschäft. Seine große Schwester hatte sie aus einer alten Wolldecke zusammengestoppelt. Das saß natürlich hinten und vorne nicht, fusselte und drohte wie Klopapier zu reißen. Jeden Samstag schor ihm die Mutter den Kopf mit einem surrenden, zwickenden Rasierapparat.

Der Rümelein stinkt, sagten die Mitschüler. Das mochte stimmen. Aber aus denen sprach doch nur der Neid auf einen, der die Seife nicht kannte und sich nicht zurechtzupfen und herausputzen ließ.

Einmal hat M. ihn zur Abwechslung in die Innenstadt mitgenommen. Er wollte ihm das Farbfernsehen zeigen. Das hieß damals noch Kaiserpanorama und kostete pro Person zwanzig Pfennig. So gut wie Joseph Roth hat es niemand geschildert: »Am Eingang saß eine Dame wie eine grauhaarige Königin und verkaufte Eintrittskarten. Drinnen war es dunkel, warm und sehr still. Sobald sich die Augen an die Dunkelheit gewöhnt hatten, erblickten sie einen Kasten, rund wie ein Karussell, hoch wie der halbe Raum, mit Gucklöchern in Manneshöhe die ganze Rundung entlang in Abständen von je zwanzig Zentimetern. Die Gucklöcher an dem Kasten leuchteten wie Katzenaugen in der Finsternis.«

Zu sehen gab es *Die Sittengeschichte der alten Griechen* und *Mit Lettow-Vorbeck im Busch*. Nach jedem Bild klingelte es leise. M. wartete gespannt auf die Szene, in der eine nackte Frau zu sehen war. Davon war Rümelein völlig unbeeindruckt, weil er wußte, was sein Vater mit der älteren Schwester machte, von der er seine Hosenträger hatte.

Wie er mit dem Corynebakterium fertig geworden ist

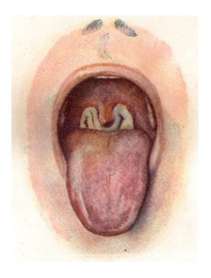

War es die Mumps, der Keuchhusten oder nur ein ganz gewöhnliches Halsweh? M. kann sich nicht mehr auf seine Kinderkrankheiten besinnen. Die Wochen, die er träumend im Bett zubrachte, waren wie im Flug vergangen.

Nur einmal muß es feierlicher zugegangen sein. Seine Mutter, die von ihren Kindern zu sagen pflegte: »Unkraut verdirbt nicht«, machte ein ernsthaftes Gesicht und verfügte, Dr. Kaspar, der Kinderarzt, müsse sofort gerufen werden. Sie hatte recht. Der Doktor war ein guter Bekannter. Er kam gern aus seiner Praxis am anderen Ende der Innenstadt, fragte nach dem werten Befinden und plauderte eine Weile, bevor er die schwarzglänzende Tasche mit seinem Besteck öffnete und ins Kinderzimmer trat. Streng, aber beruhigend faßte er durch seinen Zwikker den Patienten ins Auge. Temperatur weit über die vierzig, zu hoher Puls, das sah er auf den ersten Blick. Er beugte sich so weit über das Bett, daß er M. fast gekitzelt hätte. Nur der Respekt, den ihm der tadellose Arzt einflößte, hinderte den Jungen daran, zu lachen.

Stethoskop, Thermometer und der klopfende Finger des Doktors auf Brust und Bauch führten zu einer klaren Diagnose. Mit einer Diphtherie, erklärte er, sei nicht zu spaßen. Das sei höchst ansteckend. Vor allem um die Geschwister zu schützen, müsse das ganze Zimmer desinfiziert werden.

M. ist nach der Untersuchung eingenickt; er wußte nicht, wie der Apparat, der ihn mit seinem Zischen weckte, an sein Bett gelangt war. Ein stechend riechender Nebel erfüllte den Raum. Dr. Kaspar bestand darauf, auch M.s Kleider und Kissen unter die Lupe zu nehmen. Sofort war der Patient ertappt. Das Beweisstück in der Hand des Arztes war eine Zündholzschachtel, die kein einziges Streichholz enthielt, sondern bis an den Rand mit winzig kleinen bläulichen Körnern angefüllt war.

Viele Wochen lang hatte M. geduldig Mohnsamen gehortet, die er heimlich von den Semmeln am Frühstückstisch kratzte. Vergeblich suchte Dr. Kaspar herauszufinden, warum der Junge so großen Wert auf diesen Schatz legte und warum er sich weigerte, ihn herzugeben. Nachdem er sich vergewissert hatte, daß das Schächtelchen sozusagen koscher war, gab er nach, und M. durfte seinen Mohn behalten. Der Patient war überzeugt davon, daß dieser Fetisch heilkräftiger war als jede andere Arznei, und war fest entschlossen, noch einige Zeit auf diesem Planeten zu verweilen.

Kinderkrieger

Politische Erfahrungen hat M. mehr aus den Kämpfen unter den Schulkindern gewonnen als aus den Zeitungen und den Gesprächen der Erwachsenen. Zwar hat er sich selber an diesen Scharmützeln kaum beteiligt, weil ihn keine dieser Banden aufnahm; doch über die Grundlagen politischer Konflikte haben sie ihm ein Licht aufgesteckt.

Es ist klar, daß sich die Anfänge der Politik im Dunkel der Geschichte verlieren und daß sie schwerer zu deuten sind als die bunten Pfeile auf den Karten im Geschichtsatlas, mit denen der Lehrer seinen Schülern den Siebenjährigen Krieg erklären will. Aber die hatten schon als Achtjährige ihre eigene Politikwissenschaft entwickelt, indem sie Kleinkriege anzettelten und wechselnde Bündnisse schlossen. Jeder Indianerstamm hatte sich seinen Regierungs-, Militär- und Spionageapparat mit Chefs, Adjutanten und Fußvolk aufgebaut. So sind Fraktionen entstanden; ungeschriebene Verträge und Koalitionen wurden eingegangen; es gab Intrigen und Revolten an der Basis. Jeder Clan war fest in seinem Terrain verwurzelt. Die Grenzen der Reviere waren scharf gezeichnet wie auf einem Katasterblatt.

Der Spitzenberger Bande zum Beispiel gehörte die ganze Gegend hinter der Stadtmauer. Sie hielt die finsteren Höfe hinter der Münzgasse besetzt und raubte den Krämern Äpfel und Malzbonbons. Ihre Spähtrupps drangen bis über den Fluß in das Gewinkel des Wespennestes vor.

Ihr Hauptfeind waren die Wöhrder, deren Chefs in der Rahm unter verwahrlosten Schuppen hausten. Die

sprachen ihren eigenen Dialekt und betrachteten ihre Gegend als eine Stadt für sich. Ihre Rekruten kamen aus den Slums am Zwinger. Als Material standen ihnen die Lager der Lumpen- und Altmetallhändler zur Verfügung, deren Wachhunde sie mit Stinkbomben in Schach zu halten wußten. Ihr strategisches Vorfeld waren die weiten Flußauen.

Wehe aber dem Häuptling, der die Außenpolitik vernachlässigte! Der hätte sich nicht lange halten können. Die Burgbande, die den Ölberg mit seinen Höhlen beherrschte, wäre sofort zum Vorstoß angetreten. Dabei schreckte sie vor nichts zurück. In ihre Schneebälle waren Steine eingebacken, und einer von ihnen trug ein feststehendes Messer. Außerdem betrieben sie eine schlaue Schaukelpolitik. Sie versuchten, die Spitzenberger gegen die Wöhrder und die Wöhrder gegen die Spitzenberger aufzuwiegeln.

Aber die Abmachungen blieben labil, die Bündnisse unsicher. Immer wieder explodierte die Guerrilla der

Achtjährigen in plötzlichen Überfällen aus heiterem Himmel, lauten, schreienden und bisweilen blutigen Gassenschlachten.

Es gab aber auch Reviere, die keiner haben wollte. Die Kämpfer fühlten sich wie Fische auf dem Trockenen in den maßgeschneiderten Vierteln, wo die Reichen und die Pensionäre wohnten und ergraute Jugendstilvillen unter den Trauerweiden schliefen.

Manchmal ist M. sich auf seinen Streifzügen durch die eigene Stadt wie ein Tourist vorgekommen, der nirgends dazugehörte.

Ein unfaßbarer Großvater

M. sollte die Sommerferien in Ludwigshafen verbringen. Wo lag das überhaupt? In Bayern oder am Rhein? Es war der Großvater, der darauf bestanden hatte. Gegen ihn war nichts zu machen. Alles an ihm war ausladend, sein Appetit, seine Reden, seine Herrschsucht. Mit seiner Frau Walburga, genannt Wally, führte er einen jahrzehntelangen Ehekrieg, aus dem nebenbei sechs Kinder hervorgingen. Nach der letzten Schwangerschaft ließ sie ihn nicht mehr in ihr Bett. Er nannte das »Neurasthenie«. Den Verlauf der häuslichen Kräche hat er schwarz auf weiß festgehalten. In einem »Abschiedsbrief« aus dem Sommer 1931 schreibt er an seine Frau: »Ich verlange ein gemütliches Heim, ein geordnetes Hauswesen, eine standesgemäße Lebensführung, vor allem aber eine Frau, die sich meinen

Wünschen und Anordnungen fügt und nicht durch unleidliche Gewohnheiten aller Art abstößt.«

Daraufhin schien die Großmutter zu kapitulieren. Ihr Mann merkte nicht, daß er einen Pyrrhussieg errungen hatte. Halsstarrig wie sie war, hielt sie an ihren Marotten genauso fest wie er an seinen.

Damals wurde M. mit seinem Köfferchen zum Zug in die Pfalz gebracht. Die Mutter hatte ihm ein Etikett um den Hals gebunden, auf dem Abfahrts- und Ankunftszeiten genau vermerkt waren, ebenso wie die Adresse der Großeltern. Soviel Fürsorge war nicht nötig; denn die Anschlüsse hatte er im Reichsbahn-Kursbuch des Vaters genau studiert.

Die Stimmung in Ludwigshafen war angespannt, schon weil Wally Hilda, das Dienstmädchen, vor die Tür gesetzt hatte. Deshalb mußte sich der Großvater mit Brennsuppe und Erbsen begnügen. M. wurde zum unfreiwilligen Zeugen einiger Wortwechsel. Als der Großvater eines Tages türenschlagend das Haus verließ, folgte sein

Enkel ihm bis zur Hauptpost. Dort bemerkte er, wie der alte Herr ein grünes Formular ausfüllte, das an eine Frau namens Hilda adressiert war. Er hatte inzwischen herausgefunden, daß es beim Scheckamt auch rote Zettel gab; das waren die Postanweisungen. Vielleicht hatte diese Hilda gar kein Konto; sie wollte bares Geld auf die Hand. Irgendwo hatte M. das Wort *Alimente* aufgeschnappt. Genaueres wußte er nicht; doch die Heimlichkeit, mit der Großvater vorging, gab ihm zu denken. Nachforschungen über die Frage, ob seine Mutter eine verspätete Stiefschwester hatte und ob es irgendwo über die beträchtliche Zahl seiner Onkel und Tanten hinaus eine weitere Verwandtschaft gab, hat er nicht angestellt.

Den herrlichen Titel eines Konrektors zu tragen genügte dem Großvater nicht. In einem selbstverfaßten Familienalbum hat er Beweise dafür eingeklebt, daß er darüber hinaus noch als Theaterkritiker, Esperantist, Genealoge, Lokalhistoriker und Heraldiker tätig war. Als Schriftsteller trat er mit Diözesan- und Heimatspielen, Bauernkomödien und Schelmenchroniken hervor.

Er besaß ein frühes Schreibmaschinen-Modell

Kommenden **Mittwoch,** den 26. April, 19¹/, Uhr
im Stadtsaal z u G u n s t e n des **DRK.**

Dr. Richard Ledermann:

Heiterer
Füssener Balladen-Abend

Der Dichter liest aus eigenen Werken: Gipfelstürmer, Männerwallfahrt,
Begegnung, Techtmechtlberg, Gastspiel im Schluxen, Die Lederhose.
Ende 21 Uhr.　　　　　Vorverkauf im Städtischen Verkehrsamt.
Eintrittspreise 2 Mk. und 1 Mk.

mit zwei Typenrädern. Farbbänder waren vor dem Ersten
Weltkrieg noch nicht üblich. Für den Druck sorgte ein
rundes Stempelkissen, das des öfteren mit einem Pinsel
getränkt werden mußte.

Noch im April 1944 veranstaltete der Großvater im
Stadtsaal des Ortes einen »Heiteren Balladenabend«, auf
dem er seine eigenen Dichtungen vortrug, darunter den
»Techtlmechtlberg« und »Die Lederhose«.

Der lange Ehekrieg endete erst mit dem Tod der
Kontrahenten. Sie waren derart perfekt aufeinander ein-
gespielt, daß ihre Gefechte mit Andeutungen, Gesten und
Abbreviaturen auskamen. Da sie weiter nichts zu tun hatten, wurde der Streit zu ihrer Lieblingsbeschäftigung. Als
M.s Großmutter Wally mit neunzig Jahren starb, folgte
ihr der Großvater nach einer Anstandspause, weil er sich
ohne sie langweilte.

Der feiste Nachbar

M. blickte gern aus dem Fenster. Über dem Hof, hinter einer hohen Mauer, war ein weitläufiger Park zu sehen. Früher konnte man dort spazierengehen oder Karussell fahren, aber dann war auf einmal der Zutritt verboten. Der Gauleiter hatte sich das ganze Grundstück unter den Nagel gerissen. Sein Name war Julius Streicher. Mit einer Zeitung, die *Der Stürmer* hieß, hatte er viel Geld verdient. Auch das Kinderbuch mit den unglaublichen Judennasen war in seinem Verlag erschienen.

Dieser Mann war M.s Nachbar. Seine Sandsteinresidenz lag am anderen Ende des Parks. Aber direkt gegenüber unter den Weiden erschien manchmal ein fetter, stiernackiger Mann, der nur ein Handtuch um den Hals trug, und ließ sich an einem Teich nieder. Schwäne zogen ihre Bahn auf dem Wasser. Neben dem Gauleiter tauchten nicht nur seine Leibwächter auf, sondern auch Frauen im Badeanzug.

Kinder wittern immer, was man ihnen zu verbergen sucht. Der Vater warnte ihn. Da drüben gebe es nichts zu sehen. Aber das Gerücht wußte es besser. Zwar war das Wort *Porno* noch unbekannt, aber dafür war von *unappetitlich* und *unanständig* die Rede. M. dachte sich, die Frauen, die sich auf den Liegestühlen wälzten, müßten Huren sein; aber bevor er sie genau ins Auge fassen konnte, rief ihn die Mutter zum Mittagessen.

Nach dem Krieg ist der Gauleiter gehenkt worden.

Eine zweite Enttäuschung

M. ging nicht ungern in eine hohe, mit rätselhaft verzweigten Rippen, Streben und Spitzbogen versehene Kirche in der Altstadt. Im Kommunionsunterricht heizte ihm ein schlanker, junger, glühender Kaplan dermaßen ein, daß M. zugleich erregt und eingelullt war. Das alles, dachte er, war unvermeidlich: das Geflüster im Beichtstuhl, das Fasten und der Weihrauch. Am Ende des Tunnels winkte eine blendende Verheißung: die »vollkommene Gnade«.

Im Frühjahr 1939 wurde der Zehnjährige in ein Gewand mit langen Hosen gesteckt – dunkelblau und weiß, halb Frack, halb Matrosenanzug, Samtkragen, Mütze, steife, auf Hochglanz polierte Schuhe und weiße Strümpfe, in der behandschuhten Hand eine unverhältnismäßig große Kerze. Danach der Besuch bei einer Figur aus dem neunzehnten Jahrhundert, dem Photographen, der an M. herumzupfte und den Nacken seines Opfers gegen den kalten Stahl einer Zwinge preßte, die an einem Stativ befestigt war. Dann tauchte der Künstler unter ein schwarzes Tuch, bis nach einer endlosen Pause das Magnesiumlicht den Jungen blendete. Er war bereit, alles richtig zu machen.

Endlich war der Moment gekommen, auf den es ankam. Am Weißen Sonntag wurde ihm unter dem Scheppern der Glöckchen in dem kerzenflackernden Kirchenschiff eine kleine weiße Scheibe gespendet. Etwas Heiliges, das zugleich pappig war, am Gaumen klebte und nach nichts schmeckte. Eine Schrecksekunde, aber viel-

leicht kam sie ja noch, die vollkommene Gnade? Doch nichts passierte. Nichts und wieder nichts! Genau wie damals auf der Ringstraße mit dem versprochenen Erlöser des Landes, der ihm wie ein unheimlicher Hampelmann vorgekommen war.

Wie damals beschloß M., sich nichts anmerken zu lassen und alles wortlos runterzuschlucken. Schnell nach Hause, wo das Essen wartete, und danach die mit Schlagrahm verzierte Torte. Aber es war alles umsonst. Der Magen drehte sich ihm um, und er erbrach sich über dem Damasttischtuch.

Aber wie war es den anderen ergangen? Waren sie der Gnade teilhaftig geworden, so wie sie dasaßen, kauend und Kakao trinkend? Hatte er geahnt, daß eine Oblate nur eine Oblate war? Es wäre ihm lieber gewesen, sich arglos wie die anderen dem bleichen Kaplan und seinem Versprechen anzuvertrauen. Aber daraus wurde nichts.

Aus dem Schatzkästlein des Deutschen Reiches

Der mittelalterliche Kern innerhalb der Mauern mit seinen engen Gassen glich nicht der Auslage eines Juweliers, sondern einem Slum.

Zwar hatte der Führer dafür gesorgt, daß im Katharinenkloster die Reichskleinodien zu sehen waren: Krone, Zepter, Schwert und ein paar andere Sachen, von denen die Schulkinder nicht wußten, wozu sie gut waren. Einen Reichsapfel zum Beispiel konnte man nicht essen.

Auch gab es am Prinzregentenufer Bollwerke der Bourgeoisie, die auf den Fluß hinabblickten. Sie versuchten es mit ihren Dienstboteneingängen den Metropolen gleichzutun und verkündeten auf emaillierten Schildern, daß eine Wach- und Schließgesellschaft sie vor Einbrechern und Herumtreibern bewahrte.

Aber fußläufig durch das stinkende Kasemattentor war eine ganz andere Welt zu erreichen. Dort gab es schiefe Dachstuben, ausgetretene Stiegen und Klos auf dem Treppenabsatz, wo man sich schon im Oktober den Hintern erfror. Wo blieb denn da das Winterhilfswerk? Oder schoben sich die Kreisleiter die Spenden, die Pimpfe in klappernden Büchsen eingesammelt hatten, in die eigene

Tasche? Es wurde gemunkelt, sie hätten sich Perserteppiche angeeignet, die nicht nur im Wohnzimmer auslagen, sondern sogar in der Garage.

Allerdings war die Gauleitung darauf bedacht, das Volk bei Laune zu halten. Bereits im Mittelalter hatten die Stadtväter für Verlockungen gesorgt. Ein ganzes Viertel war dazu nicht nötig, eine enge Gasse mußte genügen. Auf dem sprechenden Straßenschild stand Frauentormauer. Doch Buben, die dort nach Einblicken spähten, mußten mit einer dicken älteren Frau vorliebnehmen, die eine große blonde Perücke trug und sich ihre Arbeitspause mit einem Stumpen vertrieb.

Fließendes warmes Wasser war für die kinderreichen Bewohner der muffigen Altstadt ein unbekannter Luxus. In der Stadt der Meistersinger und der Reichsparteitage waren Läuse keine Seltenheit.

M. war von dieser fremden Welt lange fasziniert, ohne daß er zu sagen gewußt hätte, was ihn dort abstieß und verlockte.

Ein doppelter Ladendiebstahl

Bei seinen Erkundungen in den bescheidenen Warenhäusern der Innenstadt hatten es ihm nicht die Spielsachen angetan, sondern die roten, auf hauchdünnem Papier gedruckten Lilliput-Wörterbücher. Wer ein solches Buch besäße, davon war er überzeugt, der hielte den Schlüssel zu jeder fremden Sprache in der Hand. Vergebens wühlte er in seinen Taschen – der Rest des Taschengeldes reichte nicht aus, das winzige Buch zu kaufen. Er zögerte nicht lange. Ja, er fühlte sich sogar im Recht, als er den Gegenstand seiner Begierde, ein deutsch-englisches und englisch-deutsches Vokabular, zur Hand nahm und in die Hosentasche steckte. Es könne doch nicht sein, dachte er, daß die Fähigkeit, sich mit fremden Völkern zu verständigen, nur den Reichen vorbehalten war. Daß die Firma den amerikanischen Namen Woolworth trug, bestärkte ihn in dem Glauben, dieser literarische Mundraub stehe ihm zu.

Unerfahren, wie er mit fünf Jahren war, achtete er nicht darauf, daß in der weitläufigen Kaufhalle ein Detektiv lauerte. Dieser Kerl packte ihn vor den Augen der wimmelnden Kundschaft am Kragen, führte ihn beiseite in ein nacktes Verlies und unterzog ihn einem gnadenlosen Verhör. Der vierschrötige Mann kontrollierte seine Taschen, fragte nach seinem Namen, notierte seine Adresse und erkundigte sich nach dem Beruf seines Vaters. Dann schwärzte er ihn telephonisch bei seinen Eltern an. Zu Hause zeigte sich allerdings, daß sein Vater den Vorfall gelassen aufnahm und es bei einer milden Ermahnung beließ.

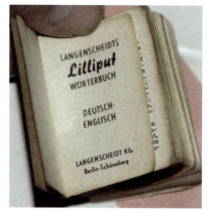

Trotzdem ließ M. die Demütigung durch den Detektiv nicht ruhen. Also ging er, entschlossen, die Scharte auszuwetzen, ein paar Tage später mit größerer Umsicht vor. Als Wiederholungstäter war er im Vorteil. Diesmal ging sein Griff nach dem begehrten Nachschlagewerk rasch und unauffällig vonstatten.

Daheim versteckte M. seine Beute in einer Schublade unter Taschentüchern und Schnürsenkeln. Zwar hat ihn der Triumph moralisch gestärkt; doch die Hoffnung, die er auf das Lilliput-Wörterbuch gesetzt hatte, erfüllte sich nicht. Denn sooft er auch insgeheim in dem roten Büchlein blätterte – das Pfingstwunder, das er erhofft hatte, blieb aus. Zwar wartete es mit Tausenden von Wörtern auf; doch konnte er sie weder aussprechen noch so miteinander verbinden, daß sie einen Satz ergeben hätten. Viele Jahre vergingen, bis er sich einigermaßen auf englisch verständlich machen konnte.

Ein unheimliches Opfer

Es muß Mitte der 1930er Jahre gewesen sein, daß hie und da der Onkel Rabmüller zu Besuch kam, ein alter Mann mit einem langen wilden Bart, der keinen Mantel, sondern eine Art schwarzen Kaftan trug. M. wußte

nicht, wie er zu dieser Nürnberger Verwandtschaft gekommen war, die zu weitläufig für sein Fassungsvermö-
gen war. Nicht einmal an seinen Vornamen konnte er
sich erinnern. Dennoch war der Onkel unvergeßlich,
schon weil er an einer geheimnisvollen Krankheit litt.
Es konnte vorkommen, daß er an einem ganz gewöhnlichen Nachmittag plötzlich mit Schaum vor dem Mund
zu Boden stürzte.

Flüsternd erklärte man M., daß dies die Fallsucht war.
Von da an erwartete er den Onkel mit einer Mischung aus
Schrecken und Faszination. Die Mutter tröstete den Besucher, gab ihm, sobald er sich von seinem Anfall erholt hatte, etwas zu essen und drückte ihm ein paar Scheine in die
Hand. Er revanchierte sich damit, daß er an die Kinder
ein paar Bonbons verteilte, die er aus seiner Hosentasche
hervorholte. Sie waren rot und sahen wie Himbeeren aus.
Doch hatten sich auf dem Zuckerwerk graue Fusseln an-
gesammelt, die es mit einem wolligen Flaum bedeckten.
Das gräßliche Geschenk mußte man unter dem Wasser-
hahn abwaschen und, damit er nicht gekränkt war, in den
Mund stecken.

So alt, wie er M. vorkam, kann der Onkel nicht gewesen sein; denn er war noch bis in die letzten Jahre des
Weltkriegs am Leben. Damals wird das ominöse Wort
Anstalt gefallen sein. Das ist eine Familienlegende, deren Ursprung im dunkeln liegt. Argwöhnisch, wie er war,
glaubte M. fest daran, daß Rabmüller unter dem Vorwand
der »Euthanasie« ermordet worden sei. Sein Bruder Ulrich, ein hartnäckiger Forscher, ist der Sache nachgegan-
gen. Er fand heraus, daß der Onkel in ein Nürnberger
Altersheim gebracht worden war. Nach den Bombenan-

griffen von 1942 hatte man die Überlebenden ins Umland verlegt. Das evangelische Heim war überfordert, es gab zu wenig zu essen. Im Januar 1944 ist Andreas Rabmüller gestorben. Ulrichs Nachforschungen nach der Todesursache sind vergeblich geblieben. Er gehörte nicht zu denen, die es geschafft hatten, im Nationalsozialismus zu überleben.

Auf einem der sorgfältig inszenierten Familienphotos aus den Gründerjahren des neunzehnten Jahrhunderts sind M.s Urgroßeltern Johann und Ursula Rabmüller mit seiner schönen, lächelnden Großmutter Elisabeth zu sehen. Neben ihr steht ein junger Mann. Es ist der Onkel, von dem M. als Kind so beeindruckt und beängstigt war. Das einzige Bild, das von ihm bleibt, ein Negativ, ist in einem Nürnberger Atelier mit der Plattenkamera aufgenommen worden. Die Überlieferung in einer Familie ist so fragil und dünn wie diese Glasscheibe.

Die flüchtigen Annehmlichkeiten eines kurzen Friedens

Hatte die Diktatur auch komfortable Seiten? M. müßte lügen, wenn er sie verschweigen wollte. Er kann sich beispielsweise daran erinnern, daß es im Dritten ebenso wie im Zweiten Reich Millionen von Dienstmädchen gab. Im Haushalt der allermeisten Studienräte, Advokaten, Ingenieure putzte, wusch, spülte und bügelte eine solche Frau. Niemand hat sich der Frage angenommen, wo sie alle geblieben sind.

M. wunderte sich nie darüber, daß die Anna in der »Dienstwohnung« ein und aus ging. Sie hatte dort keine eigene Bleibe, und wo sie hauste, wußte er nicht. Jedenfalls hat sie sich um seine Brüder und um ihn gekümmert, hat manche Strümpfe geflickt und aufgepaßt, daß keiner im Winter die Handschuhe vergaß. Auf M.s Tricks ist sie nie hereingefallen. Sie hat ihn von Anfang an durchschaut. Anna etwas vorzumachen war zwecklos.

Dann, im zweiten Kriegsjahr, war sie einfach nicht mehr da. Wurde sie als Köchin in einer Kaserne dienstverpflichtet, oder mußte sie in einer Munitionsfabrik Granaten drehen? Ist sie vielleicht bei Verwandten im Dorf untergeschlüpft? Er wußte es nicht.

Das Wort *Service* ist erst ins Deutsche eingewandert, als es mit den Dienstbarkeiten aus und vorbei war. Wann ist der Milchmann verschwunden, der seine Flaschen mit der silbernen Kappe frühmorgens vor der Haustür hinterließ? Und wo ist der hünenhafte Eismann mit der ledernen Schürze geblieben, der immer am Mittwoch wortlos seine glasig kalte Fracht ablud, die genau in den Eisschrank paßte? M. hat ihn bewundert. Wie lässig er die schwere Stange über die Schulter warf!

Damals hat am Ende des Monats das Gehalt des Vaters meistens nicht mehr gereicht. Aber beim Krämer in der Schmausengasse, einer passenden Adresse, konnte seine Mutter »anschreiben« lassen. Es war kein Tante-Emma-, sondern ein Onkel-Otto-Laden, der alles feilbot, was zur alltäglichen Fütterung der Familie nötig war.

Erst nach dem Monatsersten wurde die aufgelaufene Rechnung beglichen. Dann brachen etwas luxuriösere

Tage an. Auf dem Hauptmarkt priesen die wettergegerb-
ten Bäuerinnen aus dem Knoblauchland mit kehligen Ru-
fen ihre Äpfel und ihre Zwiebeln an. Wem ihr Angebot
nicht reich genug war, der blieb vor dem Schaufenster
des »Spanischen Gartens« stehen. Dort gab es die begehrten Südfrüchte, exotische, teure Spezialitäten: nicht nur
Bananen, auch Datteln, Feigen und Melonen, allerhand
fremdartige Nüsse und manchmal sogar eine Ananas, bis
Görings Vierjahresplan solchen Genüssen den Garaus
machte.

All diese altertümlichen Bequemlichkeiten sind bald
auf dem Müllhaufen der Illusionen gelandet.

Ein Klassenbild

In der Mitte des Gebäudes aus dicken Sandsteinquadern
ist eine Doppeltür mit Fensterscheiben aus trübem Grau-
pelglas zu erkennen. Vor dem Portal sind einundvierzig
Personen versammelt. Ihre Aufstellung verrät die sichere
Hand eines schlechten Künstlers. So hölzern steht kein
Mensch freiwillig da. Die Abgebildeten messen, mit einer
einzigen Ausnahme, kaum mehr als vier Fuß. M. sieht ver-
schlafen aus, oder ist sein Gesicht so unscharf, weil er vor
der Kamera nicht stillhalten kann?

Über dem Bild liegt ein transparentes Deckblatt. Auf
dieser Folie sind die Silhouetten der Abgebildeten mit
schwarzer Tusche eingezeichnet, so daß sie genau auf das
Photo passen. Jemand, wahrscheinlich M.s Vater, hat auf jeder dieser Figuren mit weißer Schrift ihre Namen vermerkt.

Der mit der nagelneuen Knickerbocker-Hose und den abstehenden Ohren ist der dicke Hübscher. Er hat Grübchen am Kinn, weiße Augenbrauen und schwere Lider. Sicher war er unglücklich. Deswegen hat er immer Wurstsemmeln gefressen. Sein Vater war Prokurist, ein Titel, auf den er großen Wert legte. Keiner aus der Klasse wußte, was dieser Beruf bedeutete. Eines Tages fehlte der Hübscher unentschuldigt und war einfach weg. Niemand hat ihn sonderlich vermißt.

Der daneben mit dem zu großen Kopf muß der Albert sein. Er war noch viel kleiner als die anderen. Komisch sah der aus, wie ein Liliputaner. Sein Vater war bei der SA. Er arbeitete im Kabelwerk, und die Mutter hat geputzt. Nach den Herbstferien kam heraus, daß Albert die Schwindsucht hatte. Das ging natürlich nicht, sonst hätte er am Ende die ganze Klasse angesteckt.

Der Rothaarige mit den Sommersprossen ist der Dinkelmayer. Der war Sudetendeutscher, harmlos, aber dumm. Immer ist er durchgefallen. Er wollte uns weismachen, daß sein Vater Generalvertreter wäre. In Wirklichkeit hat der immer nur Klinken geputzt. Zahnersatz und Schachuhren. Einmal brachte sein Sohn ein Etui mit in die Schule. Auf dem roten Samtfutter lagen die strahlend weißen bis gelblichen Zähne. Es war klar, daß von Schachuhren kein Mensch leben konnte. Deshalb hat Dinkelmeyer so oft geheult.

Neben M. steht der schöne Albrecht. Ein Erdbeermund, scharfgebügelte lange Hosen, dazu eine rohseidene Krawatte um den Hals. Sein Federkasten war aus Zedernholz und hatte ein Geheimfach. Niemand wollte etwas mit Albrecht Heel zu tun haben. Er wurde nicht einmal

verhauen. Weil sein Vater eine Kommanditgesellschaft hatte – was war denn das schon wieder, eine Kommanditgesellschaft? –, hat der Arzt ihm ein Attest geschrieben, und deswegen durfte er die Turnstunde schwänzen.

An die anderen Schüler kann sich M. nicht mehr erinnern, nur an den einundvierzigsten Kopf. Das ist der Hauptlehrer Reiff mit seinem eisengrauen Scheitel. Wie der mit zusammengepreßten Lippen und hocherhobenem Kopf sich einer fernen Welt der Gerechtigkeit zuwendet, in der niemand faulenzt, mogelt, lügt oder spuckt! Nur worauf es ankommt in der Welt, das hat der strenge, unbestechliche, arme Herr Reiff nicht gewußt.

Das Klassenbild zeigt einen erzwungenen Stillstand. Eine Zehntelsekunde, dann geht der Kampf weiter.

Die Schule von damals gibt es nur noch im Photoalbum. Ihre Ruine wurde nach dem Krieg abgerissen. Ein gesichtsloser Neubau ist an ihre Stelle getreten.

Die alljährliche Heimsuchung

In jedem September erlebte die Stadt eine Invasion. Die Amtswalter der Partei sehnten sich nach diesem Ausnahmezustand. Sie kamen aus allen Teilen des Landes, überfluteten auch die wohlhabenden Viertel und gaben ihnen ein proletarisches Gesicht. Jedesmal stand ihr Aufmarsch unter einem Motto. Es gab den *Parteitag des Sieges*, den *des Willens* oder den *der Ehre*, aber was M. miterlebte, war immer dasselbe.

Dem Hausmeister Kraft ging es genauso. Der Reichsparteitag, sagte er, war die schlimmste Zeit des Jahres. Das ganze Haus verwandelte sich eine ganze Woche lang in eine Kaserne. In den Amtsstuben wurden dreistöckige Eisenbetten aufgestellt, um die uniformierten Gäste unterzubringen. Die Handwerker machten Dreck, und die Putzfrauen wurden störrisch. An Krafts alltägliche Kon-

trollgänge zu den Schlüsselkästen und den Gasuhren war unter diesen Umständen nicht zu denken.

Der Hausmeister war in Zivil. Sein SA-Koppel und sein Braunhemd mußte er im Spind hängen lassen. Mit den arroganten Stammführern und Ortsgruppenleitern wurde er nicht fertig. Vergebens knurrte sein Hund, der Hasso hieß oder Wolf oder Faß, im Souterrain.

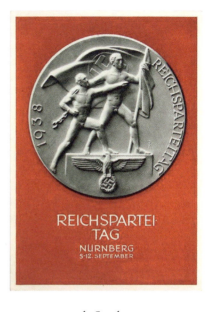

Nachdem sie sich bei ihren Aufmärschen heiser geschrien hatten, kehrten die ungebetenen Gäste am Abend zurück in ihre Quartiere, wo es nach Stroh und Pisse roch. In den Ecken lagen leere Bierflaschen und Reste von Erbsbrei, und im Treppenhaus stank es nach Erbrochenem. Bevor sie sich auf ihren Matratzen zur Ruhe legten, torkelten die besoffenen Parteigenossen in den Hinterhof, wo sie Karten spielten. Grölend wurden verschimmelte Würste durchs Kellergitter vor das Fensterbrett des Hausmeisters geworfen. Andere ließen die Hosen herunter und schissen in die Sandkästen.

Erst als die Amtswalter verschwunden, das Fahnenmeer ausgetrocknet, die Tribünen abgeholzt, die Höfe vom Kot gereinigt waren, kehrte wieder Ruhe ein im Haus. Herr Kraft durfte seine Routinen wiederaufnehmen, und auch M. gab sich von neuem seinen Spekulationen und Marotten hin.

Der Heizer

Ihm gehörten die vier gewaltigen Kessel, die das weitläufige Gebäude das ganze Jahr über mit warmem Wasser versorgten und im Winter die Büros heizten. Auf den dröhnenden Blechleitern stieg er auf und ab, die Kräne gehorchten ihm, er herrschte über die Kipploren und über die tiefen, gewölbten Höhlen, in denen bis zur Decke hin der Koks ruhte.

Ein Blechschild am Heizungskeller erklärte, Unbefugten sei der Zutritt streng verboten. M. fand diese Welt verlockend, weil sie dunkler als der Urwald und gefährlicher als der Wilde Westen war. Wenn er sich hinter den schwarzen Halden verstecken wollte, konnte es bei einem falschen Tritt geschehen, daß eine Kohlenlawine neben ihm niederging.

Aber der Herr in diesem vulkanischen Reich, der Heizer Hieronymus, hatte nichts gegen den Jungen, der sich aus den oberen Etagen in die Feuerzone verirrt hatte. Er hatte ein Auge auf ihn und schwieg. Wenn die Manometer den richtigen Druck anzeigten und die Kessel bullerten, dann lehnte sich der Riese im ledernen Wams reglos auf die Schaufel, und dem Kind schien es, als träume er. Zuweilen ging das Licht aus. Dann hörte er, wie der Heizer im Staub hustete. Wenn die Glühbirnen, die an der Decke baumelten, wieder leuchteten, lachte er über den ängstlichen Besucher, der froh war, daß er in dem dicken Glas der Bullaugen das Feuer wieder tanzen sah.

Eines Tages im Frühjahr 1938 war der Heizer verschwunden. Niemand konnte M. erklären, was aus ihm geworden war. Später hat er sich vorgestellt, wie die Polizei in seinem möblierten Zimmer ein paar Broschüren unter seiner Matratze entdeckte und ihn in Schutzhaft nahm.

Aber das kann er nicht beschwören. Genaugenommen ist er sich nicht einmal sicher, ob der Heizer wirklich Hieronymus hieß.

Zuckerbrot

Die Aufgaben, vor die sich M.s Vater gestellt sah, gingen ihm leicht von der Hand. Drei Stunden täglich hätten ausgereicht, um sie zu erledigen. Doch seine Kollegen sahen das anders; sie fühlten sich wohl hinter ihren Schreibtischen, seufzten unter der Last ihrer Zuständigkeiten und führten lange Palaver in der Kantine.

Der Vater dagegen kam mittags immer zum Essen nach Hause. Bevor er wieder in sein Büro zurückkehrte, brauchte er zwei Tassen Kaffee und ein ovales Stück Blätterteig. Die eine Hälfte war honigfarben karamelisiert, die andere mit Schokoladenguß überzogen. M. mußte ihm dieses Backwerk, das »die Schuhsohle« hieß, aus der Feinbäckerei Schimmel besorgen.

Die Frau des Bäckers, eine starke Blondine, kannte dieses Ritual, das sich täglich um die gleiche Zeit abspielte. M. gefiel ihr Name; er bewunderte sie und verglich sie insgeheim mit einer weißen Stute. Sie zwinkerte ihm zu und bot ihm eine süße Zugabe an, eine Nußschnecke oder eine Linzer Schnitte.

Mit ähnlich zarten Genüssen begegnete M.s Vater dem dröhnenden Lauf der Ereignisse. Einmal in der Woche verließ er pünktlich um halb fünf, früher als sonst, seinen Arbeitsplatz und kam erst spät nach Hause. Wo mochte er diese freien Stunden zubringen?

M. beschloß, dieser Frage nachzugehen. Er wartete am Eingang zur Direktion, und als der Vater erschien, ging er ihm nach bis zu einem kleinen Café in der Altstadt. Durch die Fensterscheibe mit ihrer geklöppelten Gardine sah er ihn allein am Tisch sitzen, wo er einen Kaffee mit Cognac schlürfte und an einer langen Regie-Virginia zog. Dort fühlte sich der Vater von seinen Kollegen unbeobachtet. Auch die Seitenblicke seiner Frau blieben aus, die sich aus ihrer Wandervogel- und Reformzeit ein gesundes Mißtrauen gegen den Alkohol und das übermäßige Qualmen bewahrt hatte. Schnapsflaschen auf dem Buffet duldete sie nicht, aber ein Gläschen in Ehren war dem Vater nie zu verwehren.

Vielleicht diente das biedere Lokal, das ausgerechnet *Café Seufferlein* hieß, dem Vater aber auch nur als Zuflucht vor den Zumutungen, welche die Weltgeschichte für ihn bereithielt.

Die Ausstoßung

Zweimal die Woche, jeden Mittwoch- und Freitagnachmittag, ging mit M. eine eigentümliche Metamorphose vor. Er verwandelte sich zwar nicht in einen Käfer, doch was er im Spiegel sah, war befremdlich genug: einen Zwölfjährigen, der ein diarrhöefarbenes Hemd und ein schwarzes Halstuch anhatte, das in einem aus Leder geflochtenen Ring steckte. Ferner war er mit Koppel, Schulterriemen, Karabinerhaken, Armbinde und Fahrtenmesser ausgerüstet.

Dieses Kostüm diente dem »Dienst«, einer Abfolge von Tätigkeiten, deren Sinn sich ihm nicht erschloß. Die Nachmittage begannen mit dem Antreten, einem zackigen Ritual mit gebrüllter Interpunktion. Es folgten zwecklose Leibesübungen, sadomasochistische Mutproben und Prügeleien in schütteren Kiefernwäldern. Bei schlechtem Wetter fand der »Dienst« in einer Bretterbude statt, die der Fähnleinführer als »Heim« bezeichnete. An der Wand hing ein Plakat, auf dem es hieß, die versammelten Buben seien »die Garanten der Zukunft«.

Keiner der Brüder legte den übertriebenen Eifer an den Tag, den die verschiedenen Stamm- und Fähnleinführer für normal hielten. M.s Bruder Martin, genannt Bibs, erreichte das vorgeschriebene Alter erst, als sie am Ende des Krieges die Kontrolle über ihre Gefolgschaft verloren hatten. Christian, der damals zum Rundlichen neigte, war für Geländespiele ungeeignet und zur Rebellion zu faul.

M., dem die Gewöhnung an den Dienst schwerfiel, wählte die naheliegendste Lösung: Er ging nicht mehr hin. Nach wenigen Wochen wurde er vor versammelter Mannschaft zu einer Zeremonie einbestellt, die auf dem Schulhof stattfand. Mit grimmiger Miene wurde ihm mitgeteilt, daß er mit sofortiger Wirkung aus der Hitlerjugend ausgestoßen sei. M. gelang es, das Gefühl der Befriedigung, das ihn ergriff, zu verbergen.

Seine Eltern hätte dieses Scherbengericht vielleicht bestürzt. Um ihnen jeden möglichen Kummer zu ersparen, beschloß er, weiterhin jeden Mittwoch und Freitag seine »Kluft« anzulegen und pünktlich nach dem Mittagessen das Haus zu verlassen, ganz so, als wäre nichts vorgefallen. An schönen Sommernachmittagen boten sich Spaziergänge in der Altstadt an, doch im November wurde seine Lage prekär. Er hatte nicht genug Geld, um ein Café aufzusuchen. Zuerst probierte er die Wartesäle des Hauptbahnhofs aus oder suchte die Wärmehallen der »Volkswohlfahrt« auf, in denen es nicht nur nach Fußschweiß, sondern auch nach Polizei roch. Auch die Feldgendarmerie, die solche Lokale auf der Jagd nach Verdächtigen durchstreifte, war ihm nicht geheuer.

Sein Flanieren hatte einen Nachteil, den er zu spät bedacht hatte. Das gutgemeinte Täuschungsmanöver den Eltern gegenüber auf die Dauer durchzuhalten war kompliziert. Jeder Schwindel drohte aufzufliegen, sobald man sich in Widersprüche verwickelte. M. nahm sich vor, in Zukunft besser zu lügen.

Das Haus an der Burggasse

Eines Tages im November kam ihm die erlösende Idee. Im dritten Kriegsjahr blieben nur noch wenige Möglichkeiten, ungestört abzutauchen. Ein Ort, der dafür in Frage kam, war die Bibliothek. In den Lesesälen gab es keine Besoffenen und keinen Lärm. Uniformierte verirrten sich selten dorthin. Zuerst testete M. die nahe gelegene Volksbücherei am Wespennest. Dort stank es allerdings nach Desinfektionsmitteln, die Wände waren mit erbsengrüner Ölfarbe gestrichen, und die Kataloge machten einen armseligen Eindruck. Auch verwies man M. an die Jugendbuch-Regale, was ihn verärgerte.

Da war die Stadtbibliothek an der Burggasse schon von anderem Kaliber. Sie war in einem Sandsteinpalais aus dem sechzehnten Jahrhundert untergebracht. Dort roch es ein wenig nach Kloster, aus dem einfachen Grund, daß das Haus eine Gründung der Dominikaner war. Auch die Reste eines Kreuzgangs und ein kleiner Garten waren vorhanden. In der Bücherei herrschte eine fürstliche Leere. Kaum je traf M. dort einen anderen Benutzer an. Der Bibliothekar, ein ergrauter Herr, war offenbar vollkommen kriegsuntauglich. Weil der Junge regelmäßig zu Zeiten erschien, da andere *Richt-euch* und *Rührt-euch* üben mußten, und weil M. dieses lächerliche braune Kostüm anhatte, wird er die Situation auf Anhieb durchschaut haben; doch darüber hat der alte Herr nie auch nur ein Wort verloren.

Statt dessen weihte er M. in die Geheimnisse der Bibliographie ein. Die Buchbestände waren alt und vielfältig. Sie reichten von der Polarforschung bis zur klassischen Philologie und vom Trivialroman bis zur Sexualwissenschaft. So beugte der regelmäßige Besucher sich über Heftchen, die vom *Dynamit für die Ugandabahn* handelten, oder über Ratgeber, die ihn ansprachen mit den Worten *Du und die Elektrizität*.

Im Katalog gab es aber auch Karteikarten, auf denen mit rotem Tintenstift Vermerke wie *Secreta* oder *Curiosa* angebracht waren. Zuweilen stand dort: »Kann aufgrund Verfügung des Reichsministers für Volksaufklärung und Propaganda nicht ausgeliehen werden.« Eifrig füllte M. die entsprechenden Bestellzettel aus. Es war, als hätte sich sein wohltätiger Gastgeber an ein Gesetz gehalten, das erst viele Jahre später in Kraft getreten ist und in dem es heißt: »Eine Zensur findet nicht statt.«

In den letzten Kriegsjahren – M. hatte die Stadt längst verlassen – wurde das Ensemble aus der Gotik in einigen

Nächten auf Befehl von Air Marshal Arthur Harris dem
Erdboden gleichgemacht. Die alte Stadtbibliothek existiert nicht mehr. An ihrer Stelle steht ein Wiederaufbau,
in den sich das evangelische Dekanat eingenistet hat.

M. vermutete den Mann, der ihn in die Geheimnisse der Bücherwelt eingeweiht hatte, unter den Toten.
Erst viele Jahre später erfuhr er, daß Friedrich Bock, der
einstige Direktor der Stadtbibliothek, seine wertvollsten
Schätze und sich selbst auf eigene Faust unter abenteuerlichen Umständen in eine Scheune im Umland hatte retten
können. Glaubhafte Zeugen berichten, daß er schon 1933
mehr wußte als die meisten seiner Mitbürger, unter ihnen
auch der zwölfjährige M.: »Es wird Krieg geben, und die
Stadt der Reichsparteitage wird ganz zerstört werden.«

Kriegsverdruß und Kriegsbegeisterung

Manche hatten es schon lange kommen sehen, aber
alle waren überrascht, als die Wehrmacht am 1. September in Polen einmarschierte, und erschrocken, als Großbritannien und Frankreich Deutschland den Krieg erklärten. Die Stimmung war bedrückt, kein Vergleich mit dem
Taumel von 1914. Verdutzt und deprimiert reagierten die
Leute, als die ersten Lebensmittelkarten ausgegeben wurden und von Luftschutzübungen die Rede war. Das hat
sich erst geändert, als im Radio die ersten »Sondermel-
dungen« verkündet wurden. Die Fanfaren hatten es M.
besonders angetan, wahrscheinlich waren es Liszt- oder

Wagner-Töne. Blitzkrieg! Stukas, die mit Geheul über Posen und Warschau herfielen! Paris eingenommen! Er hat das mit heißen Ohren auf seinem Schulatlas verfolgt und sich sogar die Zahl der abgeschossenen feindlichen Maschinen und die Bruttoregistertonnen der versenkten Schiffe gemerkt, ohne zu wissen, was eine Bruttoregistertonne überhaupt war. Erst als der Reiz der Neuheit abgeblättert war und der Krieg kein Ende nahm, fing er an, ihn zu langweilen.

Ein Pariser Sommer

Zum Soldaten war M.s Vater untauglich. Zu kurzsichtig für einen Scharfschützen, konnte er nicht einmal zakkig grüßen. Das fiel nicht weiter auf, da er »u. k. gestellt« war; das heißt, er war unabkömmlich und von keiner Einberufung betroffen, weil seine Tätigkeit als kriegswichtig galt. Erst im Sommer 1940 mußte er plötzlich die Uniform eines Majors anlegen. *ZbV* hieß das: »Zur besonderen Verwendung beim Höheren Nachrichtenführer in Frankreich.«

Nach dem deutschen Einmarsch war es dort zu chaotischen Verhältnissen gekommen. Millionen waren auf der Flucht vor der Wehrmacht. Auch die Telephonnetze waren infolge des Krieges zusammengebrochen oder beschädigt. Die Aufgabe des frischgebackenen Majors bestand darin, sie wieder zusammenzuflicken. Dafür war er kompetent. Außerdem sprach er ein halbwegs brauchba-

res Französisch, und auf der Basis des gemeinsamen Interesses an einem funktionierenden Fernmeldewesen kam er mit seinen Pariser Kollegen gut zurecht.

Natürlich war M.s Vater weit davon entfernt, als Offizier ernst genommen zu werden, obwohl man ihn zum Kriegsverwaltungsrat beim Militärbefehlshaber von Belgien und Nordfrankreich befördert hatte. Die Truppe mußte zackig salutieren, wenn er vorbeikam. Ihm war das peinlich, und die Feldwebel grinsten heimlich über den »Etappenhengst«.

Im Hotel Majestic an der Avenue Kléber wurde ihm ein Zimmer zugewiesen. Dort gefiel es ihm. Nicht nur konnte er die üblichen Geschenke, ein Parfum oder ein Paar Seidenstrümpfe, nach Hause schicken. Er machte sich auch zu den Bouquinisten auf und erwarb bei ihnen

nicht nur den einen oder anderen Band der *Comédie humaine*, sondern auch einen broschierten *roman rose*. M. studierte dieses galante Werk mit Hilfe eines Wörterbuchs, weniger aus literarischem Interesse als aus Neugier auf die Liebesnächte, die dort geschildert wurden.

Nach einem guten Jahr war das Telephonnetz wieder intakt. Der Kriegsverwaltungsrat wurde nicht mehr gebraucht. Er konnte zur Familie und zu seinem Büroalltag zurückkehren. Eine bleibende Erinnerung an seine französischen Tage war die *Brüsseler Zeitung*, ein Tagesblatt der deutschen Besatzer, das täglich im Briefkasten landete. Dieses Organ unterstand nicht dem Minister für Volksaufklärung und Propaganda, sondern dem General von Falkenhausen, der seinen eigenen Kopf hatte. Deshalb standen dort manchmal Dinge, von denen man aus dem *Völkischen Beobachter* nichts erfuhr. M.s Vater, der sich auf solche Nuancen verstand und zwischen den Zeilen lesen konnte, fuhr fort, das Blatt auf völlig legale Art zu abonnieren.

M. studierte gern die Anzeigen von Modehäusern, Spirituosenfirmen und Revuetheatern in Paris und Brüssel, die von den Vergnügungen der Okkupanten ein herrliches Bild abgaben. Auch Karikaturen gab es, die den kleinen italienischen Marschall Badoglio zeigten, wie er auf dem Schoß von Churchill saß, oder den »Banditen« Tito, der mit einem großen roten Schal der Wehrmacht mit der Maschinenpistole auflauerte.

Spätfolgen einer Wanderung

»Ein herrlicher Tag!« tönte es frühmorgens durch das Haus des Großvaters, der laut in die Hände klatschend die Treppe herunterkam. »Heute geht es auf den Falkenstein!« M.s achtjähriger Bruder Christian rieb sich die Augen. Er war über die Sommerferien ins Allgäu abgeschoben worden, als der Vater seine Mission in Frankreich angetreten hatte; die Mutter erholte sich in einem Schwarzwälder Sanatorium von einer angegriffenen Lunge; und M. selber mußte bei einer befreundeten Familie ausharren, während Martin Gelegenheit hatte, sich auf Bauernhöfen am Auerberg mit der Heugabel vertraut zu machen.

Schlaftrunken erhob sich Christian, der sich widerstrebend mit Lederhose und Wanderstiefeln ausrüsten mußte, weil einer der berüchtigten Ausflüge unter der Leitung des Großvaters bevorstand. Der wartete schon ungeduldig mit Hut und Stock auf ihn. Auf dem Wanderstab glänzten bunte Beschläge, die von seinen Touren Zeugnis ablegten: Edelweiß und Enzian, schneebedeckte Gipfel und die Insignien des Alpenvereins waren dort reihenweise aufgenagelt.

Besonders ernst war die Besteigung des Falkensteins nicht gemeint. Diesen Hügel konnte jedes Kind ersteigen, und oben wartete ein gut besuchtes Ausflüglerlokal auf die Wanderer. Vor dem Mittagessen hielt der Großvater eine Rede und kündigte eine Attraktion an. Sein Enkel werde ein auswendig gelerntes Gedicht vortragen. Dafür sei unbedingt ein Tisch freizumachen.

Christian blieb keine andere Wahl, als auf diese improvisierte Bühne zu klettern und eine vielstrophige Ballade zu deklamieren. »Und von der endlosen Mühe / ermattet sinken die Knie«. »Und Erstaunen ergreift das Volk umher, / da sieht man kein Auge tränenleer, / da fühlt man ein menschliches Rühren.«

Der herzliche Beifall, der ihm zuteil wurde, konnte die Peinlichkeit, die Christian ausgestanden hatte, nicht ausgleichen. Er mußte sich mit einer Radlermaß und einer Portion Kässpätzle zufriedengeben.

M. glaubt nicht, daß sich sein Bruder von Schillers *Bürgschaft* und von der Zwangseinweisung in die deutsche Klassik jemals erholt hat. Wie er gleichwohl zum Gelehrten, zum Dichter, zum Naturphilosophen geworden ist, das zu ergründen wagt sein Bruder nicht.

Ein undankbarer Gast

Aber nicht nur der arme Christian sah sich im Sommer 1940 aus dem Nest der Familie geworfen. Auch M. fand sich zum ersten Mal monatelang in ein anderes Milieu verpflanzt. Bekannte seines Vaters nahmen ihn wohlwollend auf. Warum war er bei den Trosts, so hießen sie, untröstlich? Die üppige Frau des Hauses tat doch alles für ihn, was sie konnte. Nur die kokette, vielleicht fünfzehnjährige Tochter, die ihm vor dem Einschlafen ihre Unterwäsche vorführte und sich ärgerte, weil ihre Reize keinen Eindruck auf ihn machten, konnte er nicht leiden. Auch wollte dem verwöhnten Pflegesohn das ungewohnte Essen nicht schmecken, und das Stadtviertel zwischen der Deutschherrenwiese und der Rosenau war und blieb ihm fremd.

Es ist M. nicht aufgefallen, daß er sich undankbar verhielt. Sooft er konnte, wich er mit der olivgrünen Trambahn der Linie 5 in die verlassene Wohnung der Eltern aus. Das vertraute Aroma half ihm über sein Exil hinweg. Er hatte den Hausschlüssel in der Tasche und fühlte sich als Statthalter einer verlorenen Idylle. Hier durfte er seine erste Zigarette rauchen, die einen Hustenanfall auslöste. Niemand hatte etwas dagegen, daß er sich am hellichten Tag im Bett zusammenrollte und dicke Bücher las.

Der vereinsamte M. war froh, als sich der Familienclan nach einem halben Jahr endlich wieder zusammenfand. Nun mußte er die Wohnung, die viel zu groß für ihn war, nicht mehr allein hüten. Mitten im Krieg war der Hausfrieden zurückgekehrt.

Onkel Fred

In jeder Familie muß es einen Filou geben. Diese Rolle nahm ein Bruder der Mutter ein. Der Onkel hat M. zuerst durch seine Zauberkunststücke erschreckt und später durch seinen Hang zu ausgefallenen *practical jokes*, mit denen er alle in Verlegenheit brachte. Für einen seiner üblen Tricks nahm er eine elektrische Eule aus Gips zu Hilfe, die angeblich als Rauchverzehrer diente. Sobald man sie, vom

Onkel ermutigt, einschaltete, blies sie einem eine streng riechende Wolke ins Gesicht.

Fred war kleingewachsen, aber äußerst selbstbewußt. Der Großvater hatte sich schon früh damit abfinden müssen, daß er unter seinen Geschwistern das einzige schwarze Schaf war. Nie im Leben, rief der alte Herr, werde es dieser verbummelte Jurastudent zu etwas bringen!

Das war ein Irrtum. Es stellte sich heraus, daß M.s Onkel Geld zu verdienen wußte. Er studierte Jura und Volkswirtschaft. Sein Vater war erleichtert, als er eine Dissertation vorlegte, die vom *Irrweg der deutschen Automobilindustrie seit der Stabilisierung der Mark* handelte. In der Wirtschaftskrise half ihm das wenig. Er wurde arbeitslos und spielte mit dem Gedanken, in die USA auszuwandern: wieder nichts! Nach 1933 schlug er sich mit undurchsichtigen Geschäften durch. Er war gewieft und trug nur Maßanzüge. Seine oliv getönte Haut roch nach einem Rasierwasser, das *Russisch Leder* hieß. Das Geld saß ihm locker in der Tasche. Er war großzügig bis zur Verschwendung. Die Mutter sagte, er sei ein Schwerenöter. Der Vater mochte ihn, hielt ihn aber für einen Zyniker.

Eines Tages tauchte er mit der schönen, eleganten Tante Käthe auf, die lange Handschuhe und verwegene Hüte trug. Die war mit seinem jüngsten Bruder Walter verheiratet, der schon in den ersten Kriegswochen eingezogen wurde und Feldzüge in Polen, Frankreich und Finnland durchmachen mußte. Anders als Fred hat er es nie weit gebracht. Vielleicht war er seiner Frau zu unscheinbar. Jedenfalls dauerte es nicht lange, bis der erfolgreiche Onkel ihm seine Käthe ausspannte. Einen interessanteren Skandal hatte der Familienclan nicht zu bieten.

Aber M. war der Onkel auch aus ganz anderen Gründen unvergeßlich. Mitten im Krieg schenkte er ihm mit einem diabolischen Lächeln eine goldgerahmte Schachtel mit ägyptischen Zigaretten. »Es war schon immer etwas teurer, einen besonderen Geschmack zu haben.« Dieser großspurige Reklameslogan war ihm wie auf den Leib geschrieben.

Als Kriegsgewinnler konnte er sich solche Extravaganzen leisten. Schon bald nach der Annexion der Tschechoslowakei hatte er es zum Treuhänder beim Reichsprotektor von Böhmen und Mähren gebracht, samt einer beachtlichen Villa im Prager Diplomatenviertel Bubenc. Die tschechische Industrie war für die deutsche Rüstung unentbehrlich. Dementsprechend wohldotiert war die Position des Onkels. Zu schlau, um in die NSDAP einzutreten, begann er früh, sich nach allen Seiten abzusichern, lernte ein wenig Tschechisch, munterte sich mit wechselnden Liebesaffären auf und unterhielt unterderhand sogar Kontakte zu böhmischen Widerstandsgruppen.

Aufgeflogen ist er nie. Er überlebte die wechselnden Statthalter, unter ihnen auch den Henker Reinhard Heydrich, der im dritten Kriegsjahr nach einem Bombenanschlag des tschechischen Widerstands auf seinen Mercedes krepierte. Nach dem Ende des Krieges eröffnete Onkel Fred eine Steuerkanzlei in Regensburg. Mit großer Verspätung entschloß er sich, Käthe, seine langjährige Geliebte, zu heiraten, trat der CSU bei und wurde von da an derart seriös, daß M. das Interesse an ihm verlor. Sogar eine Karriere im bayerischen Wirtschaftsministerium hat er angestrebt. Das scheiterte an der amerikanischen Militärregierung, die seine Sammlung von Persilscheinen verdächtig fand.

Frühe Mediensucht

An der nahen Trambahnhaltestelle stand nachmittags ein wetterfester, großer Mann, der mit seinem kräftigen Baß die Schlagzeilen des *8-Uhr-Blattes*, einer lokalen Boulevard-Zeitung, ausrief. M. gehörte zu seinen besten Kunden. Täglich drückte er dem Ausrufer ein paar Groschen in die Hand und lieferte seinem Vater ein nach Druckerschwärze riechendes Exemplar ab. Erst wenn der die Zeitung flüchtig durchgeblättert hatte, durfte sich M. über die nächste Folge des Fortsetzungsromans hermachen.

Zu Hause gab es ein in Wurzelholz gehaltenes, zweitüriges Radio der Marke Siemens 95W. Kein Vergleich mit dem schäbigen Volksempfänger! Die Senderskala war breit; Lang- und Kurzwelle erlaubten auch den Zugang zu ausländischen Stationen, die später unter der Bettdecke gehört wurden: *This is London Calling.*

Aber M. war auch dem Laster der Zeitungslektüre verfallen. Einmal schleppte ihn ein Bekannter in ein Pressehaus unweit vom Hauptbahnhof mit, das früher den Sozialdemokraten gehört hatte. Redaktion und Druckerei arbeiteten einträchtig unter einem Dach. Oben gab es Fernschreiber und grünbeschirmte Männer, die an ihrem Schreibtisch saßen. Aber auf der Etage der Lokalreporter und Metteure war ein ständiges Beben zu spüren, das aus

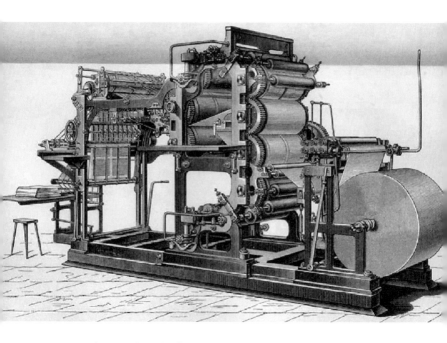

dem Erdgeschoß kam. Dort gab es viel Spannenderes zu sehen: die ratternden Linotype-Setzmaschinen, die Matern aus starker Pappe und die mattglänzenden, gewölbten Metallplatten aus der Stereotypie. Den größten Eindruck machte auf den Neunjährigen jedoch die Rotationspresse mit ihren Zylindern, Papierbahnen und Farbwerken. Der Geruch war durchdringend; der Fußboden erzitterte unter dem Lärm; die frisch gefalzten Zeitungen schossen aus der Maschine und türmten sich am Ende zu hohen Stapeln auf.

Die Leitartikel waren M. egal. *The medium was the message.* Nur wußte er damals noch nicht, was das bedeutete.

Eine gedämpfte Unterhaltung

Wie kann es sein, daß die meisten seiner Mitbürger hartnäckig dabei blieben, sie hätten von nichts gewußt? Schon im Kindergarten hat man ihnen doch, statt mit dem Schwarzen Mann, gedroht: Paß auf, Freundchen, sonst kommst du nach Dachau!

M. war genauso blöd wie die anderen. Einem Jungen aus der zweiten Klasse des Gymnasiums ist das, was die Erwachsenen Politik nennen, ziemlich gleichgültig. Dafür beseelt ihn eine angeborene triebhafte Neugier. Schon im zartesten Alter entwickeln sich Menschen zu Forschern, die darauf spezialisiert sind, das, was Erwachsene ihnen zu verheimlichen suchen, zu erraten, ganz unabhängig davon, um welche Tabus es geht.

Eines Abends, es muß im Jahr 1942 gewesen sein, empfing M.s Vater einen alten Freund, der Onkel Bé genannt wurde, obwohl er nicht zur Familie gehörte. Die beiden hatten zusammen studiert. Der schnurrbärtige Ingenieur arbeitete bei AEG/Telefunken, dem größten deutschen Elektrokonzern. Er hatte es dort bis zum Vorstand gebracht. Selbstverständlich war er »unabkömmlich« und somit nie zur Wehrmacht eingezogen worden.

Die beiden unterhielten sich spätabends im Wohnzimmer bei mehr als einem Glas Wein. M. lag nebenan im Bett und tat so, als schliefe er. Der gedämpfte Tonfall der beiden Herren verhieß verborgene Aufschlüsse. Vorsichtig drückte er die Klinke nieder und öffnete einen Spalt weit die Tür.

Der Lauscher hörte, was sein Vater dem Freund anvertraute. Man habe ihm schon vor dem Krieg angeboten,

Geheime Reichssache! 166

30 Ausfertigungen
16. Ausfertigung

Besprechungsprotokoll.

I. An der am 20.1.1942 in Berlin, Am Großen
Wannsee Nr. 56/58, stattgefundenen Besprechung über
die Endlösung der Judenfrage nahmen teil:

nach Berlin ans Postministerium zu wechseln. Er habe
den Posten eines Regierungsdirektors ausgeschlagen, weil
er lieber bei seinen unauffälligen Routinen bleiben wollte.
Noch weniger verlockte es ihn, nach Krakau zu gehen und
sich dort im Rang eines Staatssekretärs beim Generalgouvernement zu verdingen. Ein gewisser Hans Frank habe
sich dort in der Residenz der Könige breitgemacht und
herrsche über das besetzte Polen.

Sein Vater fragte den Berliner Freund, ob er etwas darüber wisse, wie es dort zugehe. Onkel Bés Antwort konnte
M. nur bruchstückweise verstehen, weil die beiden zu flü-
stern anfingen. Klar war nur, daß Zehntausende im ganzen Reich zu besonderen Güterzügen der Bahn gebracht
wurden und im besetzten Polen verschwanden. Von den
Abgereisten habe man nie wieder etwas gehört. Das war
Geheime Reichssache. Von diesem Ausdruck war M. beeindruckt. Unter einem *Generalgouvernement* konnte er sich
nichts vorstellen, und den Namen Frank hat er erst nach
dem Ende des Kriegs wieder gehört, als dieser Mann in
Nürnberg zum Tod verurteilt und gehenkt wurde.

Auch von anderen Geheimnissen war an diesem Abend die Rede. Der »eigene Laden«, die AEG, hatte sich am Bau eines Wasserkraftwerks in den Hohen Tauern beteiligt. In Gabbrun oder Kapruhn – wieder ein unverständlicher Name – sei es zu technischen Schwierigkeiten gekommen, es habe Tote gegeben, den Baufirmen seien die Zwangsarbeiter weggenommen worden, und das Projekt sei gescheitert.

Das Gespräch der beiden Ingenieure stockte. Erst nach ein paar weiteren Gläsern Wein erging sich der Onkel Bé in technischen Andeutungen, die über alles hinausgingen, was in den Physikstunden gelehrt wurde. Dabei fielen Wörter wie *Atom*, *Zyklotron* und *Uranium*. Dieses Expertengeflüster erinnerte M. an einen »Zukunftsroman« mit dem Titel *Atomgewicht 500*, den er kurz davor verschlungen hatte. Das war eine spannende Saga über die unbegrenzten Möglichkeiten und Gefahren eines fernen, phantastischen Zeitalters, weit entfernt von der Armseligkeit der Gegenwart. Solche Romane zirkulierten im Dritten Reich noch nicht unter dem Namen *Science-fiction*.

Eine Bunkerphantasie

Hans Dominik, so hieß der Verfasser dieser Romane, die zwischen Futurologie und Eskapismus eine seltsame Balance hielten. M. nahm seine ominösen Vorhersagen beim Wort und beschloß, sich auf alle möglichen und unmöglichen Katastrophen gefaßt zu machen. Eine abgelegene Insel wäre der ideale Zufluchtsort gewesen, aber so etwas stand nicht zur Verfügung. Doch gab es in einem tiefen Keller des labyrinthischen Dienstgebäudes ein Versteck, das ihm unangreifbar schien. Keine Sprengbombe konnte diesem unterirdischen Bunker etwas anhaben. Er war durch schwere, luftdichte Eisentüren gesichert, so wie das *Reduit*, mit dem die Eidgenossenschaft hoffte, den Weltkrieg unbeschadet zu überleben. Der einzige Feind, vor dem man dort auf der Hut sein mußte, war der Hausmeister mit dem klirrenden Schlüsselbund und dem Schäferhund, mit dem er seine Runden zog.

Ein fügsamer Schulkamerad fand sich bereit, M. Gesellschaft zu leisten, und die beiden fingen an, ihr Versteck auszubauen. Heimlich schleppten sie Matratzen und Decken herbei. Batterien und Konserven wurden für den Notfall eingelagert. Um der Langeweile zu entgehen, besorgte M. Bücher, Spiele und ein kleines Radio, um zu erfahren, was in der Außenwelt vorgehen würde, falls es zu einer jener Katastrophen käme, von denen Dominik phantasierte.

Als der Ernstfall monatelang ausblieb, erlahmte der Eifer der beiden. Ihre Vorräte waren bald aufgezehrt, und sie beschlossen, auf ihre winzige Utopie zu verzichten und sich wieder dem Alltagstrott zuzuwenden.

Blitzmädchen

Doch das große Amtsgebäude hielt für M. noch weitere Entdeckungen bereit. Manche Bereiche glichen Hochsicherheitstrakten, von denen niemand wußte, was sich hinter ihren Türen verbarg. Das Wort *Forschungsstelle* auf einem Schild beflügelte M.s Wißbegier. Erst nach langem Zureden erklärte ihm der Vater, daß selbst er zu diesen Räumen keinen Zutritt hatte. »Da hat sich der Herr Reichsmarschall eingenistet. Seine Leute sitzen dort Tag und Nacht und hören unser Telephonnetz ab. Göring ist natürlich nicht der einzige, der das macht, aber die andern sitzen wenigstens nicht hier bei uns im Haus. Wer die Ohren spitzt, merkt schon, ob jemand in der Leitung ist. Merk dir das, und sprich mit niemandem darüber.«

Ein anderer interessanter Bereich, der öffentlich nicht zugänglich war, lag im zweiten Keller. Es waren die Blitzmädchen, von denen M. erfuhr, wer dort herrschte: das *Fluko*. Diese jungen Frauen in ihren schicken hellblauen Uniformen trugen auf ihrem Käppi oder am Ärmel einen Blitz, das Emblem der Nachrichtentruppe. Sie kamen immer nur zur Mittagspause ans Tageslicht, sonnten sich auf den Bänken im Hof und plauderten gern mit dem Jungen über ihre Arbeit. Bald war das Kürzel ihrer Dienststelle aufgelöst. Er fand heraus, daß das *Flugabwehrkommando* über hundert Leute im Schichtbetrieb beschäftigte, die  Tag und Nacht den Luftraum der ganzen Region überwachen sollten. Früher als andere wußte man dort, welche feindlichen Geschwader im Anflug waren, meldete ihren Kurs an die Flak und an die Jagdstaffeln weiter, verhängte die Alarmstufen und sorgte für die Einsatzbereitschaft der Feuerwehr. Die Chance, derart gut informiert zu sein, ließ sich M. als notorischer Besserwisser nicht entgehen.

Für die Blitzmädchen hatte die Dienststelle eine große Kinoleinwand eingerichtet, wo zweimal pro Woche die neuesten UFA-Filme gezeigt wurden. *Achtung, Feind hört mit!*, so hieß der Streifen, der ihm am besten gefiel; René Deltgen im Trenchcoat spielte darin einen gefährlichen englischen Agenten.

Auch ein riesiger Kühlschrank war vorhanden, vielleicht sogar eine Kühltruhe, aus der man jederzeit ein »Jopa-Eis am Steckerl« holen konnte. Dazu luden die Mädels in der schicken Uniform den Jungen ein, der seine Rolle als eine Art Maskottchen gerne annahm.

Mit der Zeit gewöhnten sich auch die Offiziere der Luftwaffe an seine Anwesenheit, und so kam es, daß M. auf dem großen Bildschirm verfolgen konnte, was der sogenannten Heimatfront in den kommenden Nächten bevorstand.

Kinder im Krieg

Er hat sich später des öfteren in die Nesseln gesetzt, wenn unter seinen Bekannten die Rede auf die Schrecken des Krieges kam. M. glaubte nämlich nicht daran, daß es die Kinder seien, die am meisten unter seinen Verwüstungen zu leiden hätten. Im Gegenteil gerieten am ehesten die Erwachsenen in Panik, vielleicht weil sie imstande seien, drohende Gefahren einzuschätzen, oder weil sie die Kontrolle über ihre Situation nicht verlieren wollten. Kriegskinder hätten sich mit der Zeit an alle möglichen Scheußlichkeiten gewöhnt; ihnen komme die Welt ohnehin wenig berechenbar vor; ja, es gefalle ihnen sogar, wenn sich etwas Unvorhergesehenes ereignet. Deshalb sähen sie mit Vorliebe Feuersbrünsten und Wolkenbrüchen zu. Das lasse auf einen gewissen Mangel an moralischer Phantasie schließen.

Jedenfalls ist es M. so ergangen. Der Krieg hat ihm nicht viel ausgemacht. Gewissensbisse: selten; Schuldgefühle: Fehlanzeige. Auf die ersten Toten, die er auf seinen Streifzügen am Straßenrand liegen sah, reagierte M. merkwürdig ungerührt, so als hätte er sich vor einer feindlichen Welt bereits eingeigelt.

Beim Anblick der heutigen Fernsehbilder von fernen Bürgerkriegen wundert er sich nicht über die verwahrlosten Kindersoldaten, die mit Maschinengewehren in der Hand ganze Landstriche in Schrecken versetzen. Daß M., wie seine Altersgenossen, in der Erregung, die das Chaos mit sich brachte, einem ähnlichen Rausch anheimgefallen wäre, daran hat nicht viel gefehlt. Unheimliche Energien, die im Alltag nie zum Ausbruch kommen, weckt der Krieg in vielen Menschen. Sie sorgen dafür, daß sich Menschen in sinnlosen Schlachten verheizen lassen, statt massenhaft zu meutern und nach Hause zu gehen.

Terrorangriff

Sogar an die Bombennächte erinnert sich M. nicht ungern. Der Alltag mit seinen Ritualen und Stundenplänen war plötzlich außer Kurs gesetzt. Man mußte nicht zur festgesetzten Stunde ins Bett gehen und beim Klingeln des Weckers wieder aufstehen. Die allgemeine Schulpflicht war ebenso abgeschafft wie der sogenannte Dienst. Der Hausmeister Kraft, der sich mit einer Gasmaske um den Hals als Luftschutzwart verkleidet hatte, erschien ihm als klägliche Figur. Wie sollte der mit einem Eimer voll Sand und einer Klatsche die Brandbomben löschen, vor denen er die Schutzsuchenden warnte?

Als die Sirenen heulten, begannen die schlaftrunkenen Nächte im Keller. Koffer und Bündel wurden eilig runter- und raufgetragen. Beim Geruch von Wolldecken,

Margarinebroten und Babyfläschchen warteten alle auf ein langgezogenes Heulen: die Entwarnung.

Nicht ohne Schadenfreude erlebte M., wie die Autorität der Erwachsenen von einem Augenblick zum andern in sich zusammenfiel, sobald es ernst wurde. Gerade die aufgeblasensten Popanze sanken in solchen Momenten in sich zusammen. Mancher saß in seiner schönen SS-Uniform wie ein Häufchen Elend im Luftschutzkeller, sobald der erste Einschlag einer Luftmine zu hören war.

Als die Überlebenden aus dem Keller kamen, sahen sie am Himmel den Feuersturm über den Dächern lohen. An diesem Schauspiel war etwas Erhabenes, auch wenn M. nie auf die Idee gekommen wäre, es so zu nennen. Die kleine Villa auf der gegenüberliegenden Straßenseite war auf einmal ganz verschwunden und hatte die alte Dame, die sie bewohnte, unter sich begraben.

Die wichtigen Männer waren nicht mehr wichtig. Andere dagegen, die vorher niemand beachtete, erwiesen sich in diesen Momenten als besonders hand- und standfest. Als die halbe Stadt in Flammen stand, nahm eine ältere Putzfrau vor den Trümmern ihres Hauses, mitten auf der Straße, wenige Stunden nach dem Angriff, das Heft in die Hand und befahl den ratlos Umstehenden, Ziegelsteine und halbverkohlte Balken herbeizutragen. Unter ihrer Aufsicht wurde auf diese Weise ein Herd gebaut, ein Feuer angezündet und auf einem in den Ruinen gefundenen Topf aus wer weiß welchen Resten eine dünne Suppe gekocht.

Am nächsten Tag konnte M. durch die zertrümmerte Stadt schweifen, den Feuerwehren zusehen und die Eingeweide von halb eingestürzten Häusern betrachten, die ihre intimsten Geheimnisse preisgaben.

Die Verbannung aufs Land

Nach den ersten schweren Luftangriffen im Sommer 1943 wurden Frauen und Kinder aus den Großstädten evakuiert. M.s Vater, der, wie es hieß, »unabkömmlich« war, mußte in seinem Büro ausharren. Er wählte als Zufluchtsort für die Familie aus strategischen Gründen die Kleinstadt W. aus, weil sie an einer alten Eisenbahnlinie lag und weil er dort ein Verstärkeramt eingerichtet hatte; so hießen die Verbindungsknoten für das Telephonnetz.

M.s Mutter und ihre Söhne waren in dem Kaff, in dem sie die nächsten Jahre zubringen sollten, keineswegs willkommen. Auch der Herr Präsident, der eines Tages ohne seinen Chauffeur und ziemlich zerlumpt mit einem

Bischofslächeln auf den Lippen eintraf, wurde nur murrend empfangen.

Zunächst wurden die Ankömmlinge durch Vermittlung des Vaters notdürftig in dem Amtsgebäude untergebracht, das er gebaut hatte. Später fand sich eine Wohnung im Entengraben, einer Adresse, die für sich sprach. Früher lebten dort kleine Handwerker und Händler. Weil es in dieser ländlichen Gegend früher auch jüdische Viehhändler und Hausierer gegeben hatte, hieß es von einem verlotterten Haus, dort sei einmal eine Synagoge gewesen.

Das Städtchen hatte nicht einmal ein Kino zu bieten. Ein kleiner Bahnhof war vorhanden, aber kein Gymnasium. Deshalb mußte sich M. werktags in aller Frühe aufmachen, um den Zug zur nächsten Kreisstadt zu erreichen. Die paar Fahrschüler aus dem Ort, jeder Aufsicht durch Eltern oder Lehrer entzogen, bildeten eine berüchtigte Bande. Sie tanzten auf Bänken und Tischen, brachten Bierflaschen in den Bummelzug, drehten sich Zigaretten und warfen den Mädchen herausfordernde Blicke zu. Auf diese Weise versuchte M. aus der Verbannung das Beste zu machen.

M. haßte diesen Ort. Eines Tages war er mit seinem Bruder unterwegs, als ihnen ein Fuhrwerk entgegenkam. M. soll mitten auf die Straße gesprungen sein, sich dem Pferd in den Weg gestellt und mit ausgestrecktem Arm dem Bauern auf dem Bock zugerufen haben: »*La nature! La nature!*« Christian sagte, ihm sei bei diesem peinlichen Auftritt fast das Herz stehengeblieben.

Unfreiwillige Naturkunde

Die Schule beeiferte sich, dem Wehrwillen zu dienen. Wie ein Lauffeuer verbreitete sich das Gerücht, die boshaften Westmächte hätten kleine, schwarz und gelb gestreifte Schädlinge über dem Reich abgeworfen, um Deutschland mit der Waffe des Hungers niederzuringen. Sofort wurden die Schüler auf die Felder befohlen, um möglichst viele Kartoffelkäfer einzusammeln. Das war sehr langweilig, und bei der Rückkehr fanden sich nur ein paar klägliche Vertreter der Spezies *Leptinotarsa decemlineata* in den Körbchen. Der Tadel des Direktors blieb nicht aus. »Macht's nur so

weiter! Ihr hoift's ja dem Feind!« rief er den arbeitsscheuen Schülern zu.

Anders der Biologielehrer, ein gediegener alter Herr, von dem M. heute noch ein Andenken in seinem Regal hütet: den ersten Band seines *Wörterbuchs der deutschen Pflanzennamen*, mit dem Dr. Marzell sich als Taxonom und Sprachforscher Verdienste erworben hat. Er war es auch, der die umherschweifenden Schüler damals mit mäßigem Erfolg für die Pilzsuche zu begeistern suchte.

Anregender war ein anderer Einsatz für den Endsieg. Ende August wurden ganze Schulklassen als Erntehelfer in abgelegene Hopfenfelder beordert. Für einen großen Korb mit abgezupften Dolden gab es den kargen Lohn von fünfzig Pfennigen. Das war immer noch besser, als es George Orwell in der Wirtschaftskrise von 1930 erging. Damals hatten viele Engländer weniger zu essen als die Deutschen im fünften Kriegsjahr. »Die Hände werden durch den Hopfensaft schwarz wie Negerhände und nur durch Schlamm wieder sauber«, berichtet Orwell, wie immer unangefochten durch politische Korrektheit und ganz pragmatisch, von seiner Expedition in ein Milieu, das die Marxisten Lumpenproletariat nennen.

Immerhin gab es abends in der Scheune die Gelegenheit, ein heimliches Bier mit den Mädchen zu teilen und am nächsten Morgen mit mehr oder weniger fiktiven Eroberungen zu prahlen. Das, sagt M., war der interessanteste Teil dieses Naturstudiums – wie Alexander Pope sagt: *The proper study of Mankind is Man (or Woman)*.

Eine Art von Spionage

Mit der Zeit kam M. zu dem voreiligen Schluß, daß es keine Geheimnisse gab, die sich nicht mit List und Geduld entschleiern ließen. Man brauchte dazu nur in die Rolle eines Spions zu schlüpfen. Diese Figur kannte er bereits aus dem Kino, wo irgendwelche schurkischen Ausländer mit unfairen Mitteln versuchten, dem Großdeutschen Reich den sicheren Endsieg zu entreißen. Allerdings erging es M. mit der Propaganda so, wie ihr das oft passiert. Sie erreichte bei ihm nämlich das Gegenteil von dem, was sie beabsichtigte. Der Bösewicht kam dem Betrachter weit interessanter vor als die braven Fahnder, die ihn am Ende des Films entlarvten. Dieselbe Wirkung hatten Plakate, die der Bevölkerung zur Warnung dienen sollten. »Achtung«, stand darauf in grellgelber Pinselschrift zu lesen,

»Feind hört mit!« Auch diesen Spruch kannte er aus dem Kino. Gezeigt wurde eine dunkle Gestalt, die ihr Gesicht hinter dem hochgeschlagenen Kragen ihres Gabardinemantels verbarg.

So verlockend war diese Rolle, daß er beschloß, sich in diesem Metier zu versuchen. Die Gelegenheit dazu bot sich auf der täglichen Zugfahrt zur Schule. Jedesmal machte er sich an einen der Fronturlauber heran, die in ihren schäbigen Uniformen einen kurzen Heimaturlaub antraten und sich, unruhig auf den rumpelnden Holzbänken sitzend, fragten, womit sich ihre einsamen Frauen inzwischen die Zeit vertrieben hatten. Es war ein leichtes, sie auszuhorchen; selbst der Vorsichtigste hätte einen Schüler in kurzen Hosen kaum verdächtigt, ein feindlicher Agent zu sein.

Nach und nach spezialisierte M. sich auf die Luftwaffe und auf Fragen der Raketenrüstung. Mit einer Pedanterie, die ans Wunderliche grenzte, hielt er die Ergebnisse seiner Nachforschungen auf Karteikarten fest: neue Flugzeugtypen, die der Geheimhaltung unterlagen, samt Motorenleistung, Reichweite und Bewaffnung, unter Berücksichtigung der sogenannten Wunderwaffen, von denen gerüchtweise die Rede war.

Eigentlich interessierte er sich gar nicht für die Luftwaffe. Seine Erkundungen waren nichts weiter als ein Zeitvertreib oder eine Art Sport, der nur beweisen sollte, daß auch ein Zwölfjähriger in der Lage war, sich über irgendwelche *Geheimen Reichssachen* genaueren Aufschluß zu verschaffen. Ein hartnäckiges Interesse vorausgesetzt, konnte jeder genau soviel und sowenig erfahren, wie er wissen wollte.

Im übrigen gibt seine Geschichte ein Beispiel für den Infantilismus ab, der alle Geheimdienste der Welt prägt. M. war froh, daß er solche Neigungen schon in jungen Jahren hinter sich gebracht hatte.

Was M. und seinen Brüdern
zu schwör war

Wie kam es eigentlich, daß aus M.s Familie kein einziger Ingenieur hervorgegangen ist? War sein Vater nicht ein hochbegabter Fachmann, der sich stets auf dem neuesten Stand der Technik hielt?

An häuslichen Anregungen hat es ihm nicht gefehlt. An mathematischer und elektrotechnischer Fachliteratur war kein Mangel. In den Regalen fanden auch spannende Erzählungen Platz, die von den Abenteuern berühmter Pioniere handelten. Dort standen Werke wie *Hinter Pflug und Schraubstock* und *Der Schneider von Ulm* von Max Eyth, einem bärtigen Schwaben, der sich in Amerika und in Ägypten auskannte, oder *Anilin,* der Bestseller-Roman eines gewissen Schenzinger, der die Erfinder-Triumphe der deutschen Farbstoff-, Kautschuk- und Pharmaindustrie rühmte und sich wie eine Werbung für die I. G. Farben las.

Noch näher lag das Ohm-Polytechnikum, fußläufig, gleich um die Ecke am Keßlerplatz! Doch dachte M.s Vater nicht daran, seine Söhne auf diese Anstalt zu schicken. Er hat seine Kenntnisse immer leicht getragen, so als hätte er berufliche Erfolge gleichsam mit der linken Hand erzielt. Vielleicht sah er in der Technik nur ein Spielzeug, das nicht allzu ernst genommen werden durfte. Wer sich in sie verbiß, riskierte ein schlimmes Ende wie der unglückliche Rudolf Diesel oder der besessene MacAllan, der sich in den Kopf gesetzt hatte, einen transatlantischen Tunnel zu bauen und nach jahrzehntelangem Kampf am bösen Finanzkapital gescheitert war. Als der Vortrieb des

114

Stollens den Durchstich erreicht hatte, war das Bauwerk bereits veraltet. Dieser Mac war der fiktive Held von Bernhard Kellermanns Roman *Der Tunnel* aus dem Jahr 1913.

Die antisemitischen Untertöne dieser Literatur waren es wohl kaum, was M. und seine Brüder abschreckte. Eher mangelte es ihnen an der Lust, die dicken und harten Bretter zu bohren, mit denen die Ingenieure es zu tun hatten, und so sind sie in wandelbareren und weniger seriösen Berufen gelandet als ihr Vater.

Ein rachsüchtiger Moment

Vielleicht war M. selber schuld. Viel zuviel hat er sich auf dem Schulhof gefallen lassen. Er weiß nicht mehr, wie oft ihn diese Hinterwäldler in den Schwitzkasten genommen haben, nur weil er kleiner und ihren Muskeln nicht gewachsen war. Aber eines Tages wurde es ihm zu dumm, und als ihn der dreisteste dieser Rüpel in die Zange nahm, sagte er ihm: »Laß los, oder ich breche dir die Finger!«

Doch der wollte nicht davon ablassen, ihn zu peinigen. Da blieb M. nichts anderes übrig, als seine Drohung wahr zu machen. Lange konnte er sich noch an das leise Knacken des Ringfingers erinnern. Außer sich vor Erstaunen und weiß im Gesicht ließ der Kerl von ihm ab und lief heulend davon.

Er hatte sich diese Art der Gegenwehr wochenlang überlegt. Zwar galt in dieser Schülerbande als ausgemacht, daß man die ungeschriebenen Gebote der Fairness einhalten mußte. Die liefen jedoch in der Praxis darauf hinaus, daß der Stärkere stets die Oberhand behielt. Damit war und ist M. nicht einverstanden. Nach diesem kleinen Zwischenfall hörten die Übergriffe gänzlich auf; ja, er gewann sogar ein gewisses Ansehen bei den Dorfbewohnern.

Kartographische Vorlieben

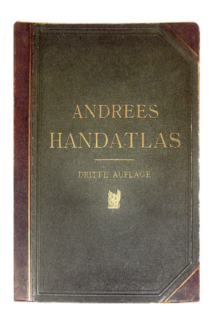

Daß er in der Schule als Streber galt, war kein Wunder, denn M. tat sich besonders in der Geographie hervor. Er konnte nicht erklären, warum er sämtliche Hauptstädte der Welt auswendig lernte und warum ihm die bunten Tafeln in *Andrees Allgemeinem Handatlas*, den sein Vater besaß, so gut gefielen. Anfang 1942, nachdem das Großdeutsche Reich den Vereinigten Staaten von Amerika den Krieg erklärt hatte, schlug er die politische Weltkarte auf und mußte feststellen, daß Deutschland auf ihr nur einen stecknadelkopfgroßen Platz einnahm. Dagegen breitete sich das rosa gefärbte britische Empire auf allen fünf Kontinenten aus, und auch das französische Kolonialreich beanspruchte mit großen lila Flecken viel Raum. Die Vereinigten Staaten machten ebenfalls einen stattlichen Eindruck; zu ihnen gehörten nicht nur die Philippinen, sondern auch allerhand Stützpunkte im Pazifik. Und was die Sowjetunion betraf, so war sie viel größer als ganz Europa.

Ob die Reichsregierung keinen Schulatlas zur Hand habe, um ihre Aussichten auf den erhofften Endsieg entsprechend einzuschätzen, fragte er seinen Vater, der daraufhin höhnisch lachend erklärte: »Menschen, die sich wie unser Schreihals einbilden, die Vorsehung meine es besonders gut mit ihnen, denken ungern an ihr eigenes Ende.«

Flegeljahre mit Dynamit

Eines Montags im Frühjahr tauchte M. im Gymnasium mit einem weißen Kopfverband über der Stirn auf, wie die Soldaten in der Wochenschau. Knie und linke Hand trugen rosa Heftpflaster. Was war passiert?

Überall, bei den Buben im Städtchen, vor allem aber unter den Fahrschülern, hatte sein Prestige bereits zugenommen, seitdem er sich auf Experimente mit Sprengstoffen verlegt hatte. Dabei kam ihm der ansonsten eher dürftige Chemieunterricht zustatten. Mit den notwendigen Grundstoffen aus der Drogerie versehen, waren die ersten Schritte leicht getan, um aus Salpeter, Holzkohle und Schwefel ein wenig Schießpulver herzustellen. Später fanden sich sogar Dynamitpatronen in den Wäldern und Steinbrüchen der Umgebung. Seine erfolgreichen Versuche machten Eindruck auf die Mitschüler. Den Gipfel dieser plötzlichen Popularität hat er allerdings dadurch erreicht, daß es ihm erging wie dem Feuerwerker im Hamlet: »*Let it work, for 'tis the sport to have the engineer hoist with his own petard.*«

An der Außenseite der sauber gewaschenen Flasche, der nicht Zeit geblieben war zu trocknen, hatten sich feine Sprengstoffpartikel festgesetzt, auf die schon bei der Zündung der Lunte ein Funke übersprang und den laienhaften Molotow-Cocktail zur vorzeitigen Explosion brachte. M. hörte noch, wie der Hausmeister rief: »Ein englischer Saboteur!«, wachte aber erst nach geraumer Zeit wieder auf. Er wurde verwarnt, fortgetragen und versorgt. Das amtliche Gebäude, in dem die Familie notdürftig untergebracht war, beherbergte nämlich, wie er wußte, das Verstärkeramt. Glücklicherweise blieb bei seinem Experiment das Gebäude unbeschädigt. Bald stellte sich heraus, daß es sich beileibe nicht um das Werk eines feindlichen Agenten gehandelt hatte. Als M. mit weiß umwickeltem Kopf und mit blutigem Wundverband an Knien und Händen wieder in der Schule auftauchte, war er der Held des Tages.

In der Clique trug ihm dieser Vorfall den Spitznamen »Tito Spreng« ein, der ihm jahrelang, später zu »Tito« verkürzt, anhing. Wie so oft hatte sich die Propaganda der NSDAP getäuscht, wenn sie glaubte, das halbwüchsige Publikum zu beeindrucken, indem sie den Anführer der jugoslawischen Partisanen als Banditen bezeichnete; denn sein Name galt bei den rebellischen Fahrschülern der Provinz als Ehrentitel, dergestalt, daß M. fortan stets mit einem roten Schal auftrat.

Durch sein kleines Abenteuer ist ihm wohl auch eine Terroristenkarriere erspart geblieben. Der seltsame Waf-

fenkult, dem solche Leute noch im Erwachsenenalter anhängen, befremdet ihn. Die Lust am Ballern, sagt er, sollte man beizeiten hinter sich bringen.

Tiefflieger

Die beliebte Rede vom »Zusammenbruch« verrät nicht nur, daß diejenigen, die sie im Munde führen, in den Zuständen der dreißiger Jahre eine Art heiler Welt erblicken. Sie ist auch von der Datierung her sonderbar. Denn in Wirklichkeit war die Infrastruktur des Landes schon lange vor dem Ende des Krieges zusammengebrochen. In den Städten fielen Strom und Wasser aus, die Versorgung war chaotisch, Brennstoff und Benzin fehlten, Eisenbahnen fuhren kaum mehr. Unter diesen Umständen war die Hartnäckigkeit auffallend, mit der die Schulen an ihren Routinen aus dem neunzehnten Jahrhundert festhielten. In Zeiten der Verwilderung und der Apathie sorgten sie dafür, daß unverdrossen lateinische Vokabeln auswendig gelernt und Hausaufgaben aus der Trigonometrie gestellt wurden.

Da der Verkehr auf der Strecke zur nächsten Stadt zum Erliegen gekommen war, gingen die Schüler mit unbegreiflicher Schafsgeduld zu Fuß ins nächste Gymnasium, Tag für Tag wenigstens sieben Kilometer hin und ebenso viele zurück. Was alt und jung sich damals alles gefallen ließen!

Ganz ungefährlich waren solche Wanderungen nicht. M. hat die Risiken, denen seine Mitschüler und er ausgesetzt waren, später in ein paar Versen geschildert: »Auf dem Schulweg, im Straßengraben, / das Heulen des Tieffliegers, dann / Staubwölkchen links, vorne, rechts, / lautlos, und erst hinterher, / das Hämmern der Bordkanone. / ... / Wir jedenfalls ... lagen wie tot da am Straßenrand.« Aber diese Fünfzehnjährigen hatten gute Reflexe. Als der Jäger über sie hinweggestoben war, hoben sie die Köpfe und sahen das Flugzeug am Himmel glitzern. M. glaubt, es sei eine *Mustang* gewesen. Er konnte sogar die Sterne auf den Flügeln und den Piloten im Cockpit erkennen. Der machte kehrt und kam noch einmal, ohne zu feuern, auf sie zu und verschwand. Die Schüler sprangen aus dem Graben schüttelten den Staub ab und tanzten vor Freude auf der Landstraße. Es mag seltsam klingen, aber sie waren begeistert.

Schwierigkeiten bei der Plünderung

Als die Mengen, die auf den bunten Abschnitten der Lebensmittelkarten versprochen wurden, immer mehr ab-, die Luftangriffe aber zunahmen, explodierte auf einem nahe gelegenen Rangierbahnhof ein Munitionszug von solcher Sprengkraft, daß die Ladung der abgestellten Güterzüge über Hunderte von Metern zerstreut wurde. In rätselhaft kurzer Zeit hatte sich eine mit Eimern, Einkaufstaschen und Schubkarren ausgerüstete Menschenmenge auf dem Gelände versammelt, die unverzüglich begann, nach brauchbaren Resten aus der zerschmetterten Fracht zu suchen. Alte Frauen mit Schürzen und Kopftüchern schabten Butterreste von den Schienen.

M. barg unversehrte Feldpostausgaben der Werke von Theodor Storm und Will Vesper aus den Trümmern. Auch eine Hölderlin-Auswahl war dabei, die Goebbels in einer riesigen Auflage an die Frontsoldaten schicken ließ, um ihnen den »Tod fürs Vaterland« nahezulegen.

Ein Schulfreund, der M. begleitete, war unterdessen damit beschäftigt, seine blutigen Füße mit einem Stück Fallschirmseide zu verbinden. Er war in die Scherben einer zerbrochenen Sektflasche getreten. Größeren Eindruck als dieser Zwischenfall machte auf die beiden eine junge, blonde Frau in einem Schneiderkostüm, die schreiend auf einer wohl hüfthohen, zugenagelten Kiste mit der Aufschrift »Schmelzkäse 1000 x 50 x 20« saß. Sie war offenbar allein herbeigeeilt, um zu plündern, und versuchte mit dem Ruf »Das ist meine Kiste!« andere, herzudringende Volksgenossen zu vertreiben. Der eigentliche Grund ihrer Verzweiflung aber lag darin, daß sie, unfähig, ihre Beute zu teilen, außerstande war, die Kiste von der Stelle zu bewegen.

Zwölf Jahre im Gewahrsam
der Pädagogen

M. mußte zahlreiche Schulen und eine Reihe von strengen, ignoranten und verbohrten Lehrern ertragen, an deren Namen er sich zum Glück nicht mehr erinnern kann. Das fing schon in der ersten Klasse der Volksschule an mit der Schiefertafel, die einen Sprung hatte, und mit dem Federkasten. »Was«, schrie der Hauptlehrer, »du bist ein Beamtensohn und hast nur einen Griffel?« Eine Strafarbeit von 1936 zeigt, worum es ihm ging. Und dann der Mathematiklehrer am Melanchthon-Gymnasium, der sich mit den Kettenbrüchen auskannte, hieß er nicht Herbolzheimer? Er konnte zwar bis drei zählen, doch kein Ü aussprechen, und wenn er bis zum Vierer kam, so waren seine Schüler im Zweifel, ob er die Zahl meinte oder den Führer.

Später hatte M. es auch mit ausgebrannten Greisen zu tun gehabt, die nicht wußten, wie sie mit den lümmelhaften und durch den Krieg verwahrlosten Schülern fertig werden sollten. Einmal will er sogar gesehen haben, wie eine entfesselte Horde dem siebzigjährigen Biologielehrer die Klotür von außen mit langen Zimmermannsstiften zunagelte, so daß es über eine Stunde dauerte, bis der Hausmeister den verzweifelt Hämmernden befreien konnte. Ein anderes Mal war er Zeuge, wie zwei ehemalige Flakhelfer den abgezehrten, furchtsamen Geographen zwangen, irgendeine fehlerhafte schriftliche Arbeit passieren zu lassen, indem sie vor dem zitternden Greis eine gestohlene Dienstpistole auf die Bank legten.

Die Lernerfolge solcher Pädagogen ließen viel zu wünschen übrig. Aber die sogenannte Bildung ist ja nie der Hauptzweck der Schule gewesen. Das zeigt sich schon daran, daß der Lehrkörper bis heute drei oder vier Jahre damit zubringt, den Kindern Lesen und Schreiben, Addieren und Multiplizieren beizubringen, Fertigkeiten, die sich jedes normale Kind mühelos innerhalb von sechs Wochen aneignen kann. Der lange Zwangsaufenthalt in der Schule dient vielmehr dazu, die Grundregeln der Politik einzuüben, das Erproben von Machtverhältnissen, Intrigen, wechselnden Bündnissen, Kriegslisten und Kompromissen.

In diesem Zusammenhang nimmt das Wort *Klassenkampf* eine ganz andere Bedeutung an. Die mit ernster Miene ausgetragenen Auseinandersetzungen der Berufspolitiker erinnern jeden Außenstehenden, der ein gutes Gedächtnis hat, an die Jahre, die er im Kindergarten oder in der Elementarschule zubrachte.

Insofern verfehlt die Kritik an den Lehrern den Kern der Sache. Die meisten dieser überforderten und bedauernswerten Leute ahnten ja kaum etwas von der Gruppendynamik unter den ihnen Anvertrauten, also von den entscheidenden Motiven der Sozialisation. Mit der Vermittlung ihrer bescheidenen Lehrstoffe beschäftigt und in chronischer Überschätzung ihrer Pädagogik wußten sie ebensowenig wie die Eltern von den grausamen und subtilen Prozessen, die sich Tag für Tag unter ihren Augen abspielten, und diese berufsbedingte Blindheit verlieh ihnen eine Art Unschuld, die selbst den übelsten unter ihnen kaum abzusprechen war.

Das gilt um so mehr für die seltenen Ausnahmen, jene heroischen Gestalten, die, von ihrer Botschaft begeistert, der Schülerhorde Dinge vortrugen, von denen sich kein Ministerium und keine Schulaufsicht etwas träumen ließ. Diese wenigen vergißt man seine Lebtage lang nie mehr. Einer hat M. mitten ihm Krieg das Englische derart leichtfüßig beigebracht, daß es eine Lust war, Autoren wie Thoreau, Wilde oder Chesterton kennenzulernen, die kaum den Beifall des Regimes gefunden hätten. Später begriff er, daß dieser Mann ein Gegner der herrschenden Mächte war, ein alter Sozialdemokrat, der viele Jahre lang eine Tarnkappe trug.

Andere, die der Krieg in die Provinz verschlagen hatte, waren durch ihr Dasein als Schulmeister vollkommen unterfordert. Der Studienrat Renner, ein theoretischer Physiker, Schüler eines Nobelpreisträgers, verstand es, aus der lähmenden Routine des Mathematikunterrichts eine ziemlich spannende Show zu machen, an der freilich nur eine Minderheit der Schüler Vergnügen fand. Ebenso erging es dem Mann, der für ein paar Jahre ein Fach verwalten mußte, das sich Kunsterziehung nannte. Ein Kenner und Sammler von hohen Graden, brachte Franz Winzinger kostbare Graphiken aus seinen Schränken mit und zeigte den Buben an Dürers, Altdorfers und Goyas Blättern, was ein Schabkunstblatt, eine Radierung und eine Aquatinta war. Auch diesem Kenner konnten oder wollten nicht alle Anwesenden folgen, und so rief er gelegentlich: »Weg mit euren dreckigen Pfoten!«

oder »Die Dorfdeppen, die's nicht interessiert, können meinetwegen rausgehen und Fußball spielen« – was sich die Gemeinten nicht zweimal sagen ließen. Auf diese Weise verdankt M. so manches, was er später brauchen konnte, seinen schlechten, nach Urin und Bohnerwachs stinkenden Schulen.

Ein Rekrutierungsversuch

Eines Tages erschien in der Schulklasse der Dreizehnjährigen ein Trio uniformierter Werber in gutgebügelten feldgrauen Uniformen und forderte die Schüler auf, sich freiwillig zur Waffen-SS zu melden. Das sei eine Elite-Truppe, die mit den gewöhnlichen, müden Landsern nichts zu tun habe. Man werde dort besser ausgebildet und könne in kurzer Zeit zum Scharführer, ja sogar zum Standartenjunker aufsteigen. Wer sich dabei bewähre, könne es sogar bis zum Hauptsturmführer bringen.

»Alle vortreten und zur Unterschrift melden!« – Dazu waren nicht alle bereit. Einer behauptete, er habe sich bereits bei der Marine verpflichtet, andere wollten vorher noch ihre Eltern fragen. Etwa die Hälfte aber meldete sich, wie der arme Günter Grass, »freiwillig«, ohne zu wissen, daß Himmler die Waffen-SS zu einem Millionenheer

aufgerüstet hatte, um die in seinen Augen unzuverlässige Wehrmacht zu entmachten.

M. sagt, Passivität sei in solchen Fällen die beste Option. Man müsse solchen Zumutungen einfach mit hartnäckigem Schweigen begegnen.

Der Westwall

Im Herbst 1944 sprach nur noch Joseph Goebbels vom Endsieg. Doch mit der Taktik des Ausweichens war es nicht mehr getan. M. wurde, wie seine Mitschüler, in die Pfalz zum Arbeitsdienst verschickt. Die Fahrt mit dem Zug dauerte zwölf Stunden, unterbrochen durch Fliegeralarm und lange Pausen, weil auf offener Strecke Zwangsarbeiter damit beschäftigt waren, zerstörte Weichen oder Signalanlagen notdürftig zu flicken.

Am Bahnhof von Landstuhl in der Pfalz wurden die Halbwüchsigen an einem Abstellgleis ausgeladen. Irgendein mit bunter Schnur ausgezeichneter Fähnleinführer trieb die Kolonne in eine verlassene Schule, wo es Feldbetten und kalte Duschen gab. Am anderen Morgen wurde M. eine Schaufel in die Hand gedrückt. Ein knurriger Leutnant brachte die lustlosen Schüler zu einem kahlen Feld, wo sie Gräben ausheben sollten, und ließ sie fluchend allein. Auf der hügeligen Landschaft zeichneten sich Ketten von Zementkreuzen ab, Reste von Panzersperren aus der Zeit des Kriegsbeginns, die nie einen Feind gesehen hatten. Es fing an zu schneien.

Niemand rührte eine Hand, um zu graben. Nur wenn sich ein Aufseher dem Trupp näherte, nahmen die Frierenden eine Schaufel zur Hand. Zwölf Tage lang dauerte die stumme Pantomime, mit der ein paar Stabsoffiziere in ihrem wohlgeheizten Ramsteiner Quartier glaubten die Alliierten aufhalten zu können.

Den Teilnehmern an dieser langen, sinnlosen Dienstfahrt wurde nach der Heimkehr noch eine blecherne Abwandlung des Gefrierfleischordens verliehen, mit dem die Soldaten an der Ostfront bedacht worden waren. M. warf ihn noch am selben Tag in die Latrine.

Von den Leibesübungen

Eine Gesellschaft ohne Anstalten aller Art kann es nicht geben. Deshalb existieren überall Behörden, Institute und andere Institutionen, in denen Pförtner ihre Vorgesetzten vor unliebsamen Klienten beschützen. Zu solchen Einrichtungen gehören auch die Schulen, in denen M. mindestens zwölf Jahre zugebracht hat.

Das schlimmste an ihnen war der sogenannte Turnunterricht. Dort mußte unter den Augen eines Lehrers, der eine SS-Rune trug, jeder auf dem Bock, der Kletterstange und dem Reck, vor allem dem Reck, affenartige Sprünge vollführen. Zum Stundenplan gehörten auch die Völker-, Hand- und Fußballspiele, denen sich seine Mitschüler mit furchterregendem Eifer hingaben. Jedesmal entbrannte ein Streit um die Frage, welche Mannschaft M. aufnehmen mußte. Als ausgemacht galt, daß er jedem Ball auswich, weil er außerstande war, ihn dorthin zurückzuwerfen, wo die grausame Logik dieser Spiele es verlangte.

Diese Übungen flößten M. einen tiefen Haß auf alle Arten des Sports ein, der ihn heute noch beseelt. Mutproben und Ringkämpfen in der Turnhalle ist er aus dem Weg gegangen. Dabei kam ihm die einzige Disziplin zustatten, in der er schneller als die anderen war, nämlich der Kurzstreckenlauf, der ihm oft dazu verhalf, das Weite zu suchen.

Schwerer als die Pfiffe seines Turnlehrers traf ihn die Verachtung seiner Altersgenossen. Er fand sich jedoch, wenn auch ungern, mit der Rolle des Schwächlings ab,

und nach geraumer Zeit haben die Mitschüler und sogar die Turnlehrer ihn in Ruhe gelassen. Er war gewissermaßen der Idiot der Familie, eine Position, an der er am Ende sogar Gefallen fand.

Der Unbefangene

Ulrich war der Jüngste, ein spätgeborenes Kind aus dem sechsten Kriegswinter. »Mamas Liebling! Unser Benjamin« – damit hänselten ihn seine Brüder. Doch ein Nesthocker ist er nie gewesen. So früh wie möglich hat er sich davongemacht. Interesse daran, »es zu etwas zu bringen«, zeigte er nie. Manche sagen ihm heute noch nach, er sei ein ewiger Student geblieben, weil ihm ein sogenannter Abschluß egal war und weil er mit sechzig noch so jung aussah.

Er verstand nicht, warum andere eine Karriere anstrebten, schlug aber eine lange Reihe von alternativen Bildungsgängen ein. Die Familiensaga behauptet, er habe sämtliche Stadien der fälschlich so genannten Achtundsechziger durchlaufen. Angeblich sei er nicht nur Kommunarde, Teilzeit-Hippie, Stadtindianer, Maoist und Rockmusiker gewesen; er habe auch an der Spanischen Treppe selbstgefertigte Andenken verkauft. Man wähnte ihn als Bettler in Marokko, Indienfahrer und Haschischkenner. Wahrscheinlich ist daran, wie bei vielen Familienlegenden, kein wahres Wort.

Daß er faul war, kann man wirklich nicht sagen. Seine Beschäftigungen waren ebenso vielfältig wie gewissenhaft. So skrupulös ging er vor, daß es Jahre dauerte, bis er sich dazu überwand, seine Reportage über den Atombun-

ker der Bonner Regierung, den Essay über die deutschen Nationalhymnen und seine Bücher über Weltumsegler, Jakobiner und Parasiten zu veröffentlichen.

Ist Ulrich ein Eigenbrötler? Zwar heiratet er ungern, ist aber dessenungeachtet ein Familien- und Gemütsmensch, der sich der Kinder anderer Väter annimmt und das bißchen Geld, das er hat, unter seine Freunde verstreut. Getreu hütet er wie ein Archivar die Hinterlassenschaften seiner Eltern, Briefe, Schachteln mit alten Photos, gerettete Bücher, Zettel, Manuskripte und sonderbare Souvenirs.

Das alles gehört nicht hierher! Das war alles später, viel später … M. wischt diesen Einwand vom Tisch, indem er behauptet, er könne sich Jahreszahlen und Telephonnummern nicht merken. Es stimmt, daß er sich mit der Chronologie nicht auskennt. Alles bringt er durcheinander. Die Unordnung störe ihn nicht, sagt er. Daß das Leben chaotisch sei, dafür könne er nichts.

Ein dubioser Fronteinsatz

In den letzten Wochen des Krieges mußte M. zusammen mit Dutzenden von anderen Schuljungen eine viel zu große grünstichige Wehrmachtsuniform aus holzhaltigem, kratzendem Stoff anziehen. In einem Trainingslager versuchte man, ihn mit den Rudimenten der Heeresdienstvorschrift vertraut zu machen. Dazu gehörte das Herbeten der Dienstvorschrift zur Zerlegung und zum Zusammenbau des Karabiners 98K. Auch der Gebrauch von Handgranaten wurde eingeübt. Die Ausbilder, altgediente Hauptfeldwebel, brachte M. zur Verzweiflung; denn während andere ihre Handgranaten elegant über das Gelände schleuderten, erwiesen sich seine Versuche als gemeingefährlich, weil M. nicht imstande war, den Sprengkörper weiter als fünf Meter zu werfen. Zur Strafe wurde M. mit der Aufgabe betraut, die Abtritte zu reinigen.

Nach dieser Grundausbildung wies man ihn samt ein paar Dutzend anderer Schuljungen einer in letzter Minute aufgestellten »HJ-Division« zu. Dieser Haufen wurde mit dem Auftrag losgeschickt, am Rand einer Straße im Hohenlohischen Gräben auszuheben und dort mit Hilfe kleiner, tragbarer Raketen, sogenannter Panzerfäuste, die Streitmacht der Vereinigten Staaten von Amerika aufzuhalten.

Diese Mission leuchtete M. nicht ein. Auch der Anführer, dessen Bluse mit den Insignien eines Fähnleinführers bekränzt war, konnte nicht erklären, was der Zweck dieser Übung sei. Sichtlich verlegen wurde er zum Zeugen, wie seine Vorgesetzten, Kreisleiter und andere »Goldfasane« in ihren voll beladenen Kraftfahrzeugen auf der Landstraße an den Schützengräben vorbei den Rückzug in die Alpenfestung antraten.

Einmal, als der Feind noch fern und das trostlose Schaufeln ihre Hauptbeschäftigung war, ging der kleinen Kompanie der Proviant aus. M. wurde zu einem Stoßtrupp eingeteilt. Die drei Halbwüchsigen machten sich, mit Maschinenpistolen bewaffnet, auf, um im nächsten Dorf Lebensmittel zu plündern. Der erste Bauer, den sie antrafen, fürchtete um Haus und Hof. Er flehte sie an, die Stellung an der Straße zu räumen; seine Frau fiel vor den Kinderkriegern sogar auf die Knie. Ein eigentümlicher Rausch überkam in diesem Augenblick nicht nur seine beiden Kameraden, sondern auch M. Das Trio verlangte alles, was das Haus hergab, und zog, mit Eiern, Schinken, Brot und Butter beladen, die Maschinenpistolen hoch erhoben, triumphierend ab. Soviel zur friedlichen Gesinnung des letzten Aufgebots.

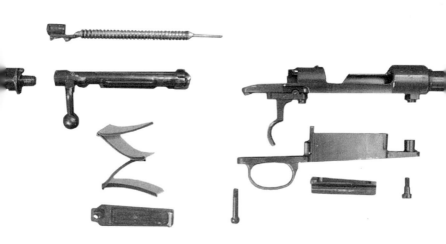

Die Geschichte einer
kleinen Fahnenflucht

M. ging es damals bloß noch darum, die eigene Haut zu retten. Politische Gründe, die über dieses Ziel hinausgingen, hatte er nicht. Als die Streitkräfte der Alliierten immer weiter vorrückten, war er zu dem Schluß gekommen, daß nicht nur sie ihm nach dem Leben trachteten, sondern auch die eigenen Landsleute. Viele von ihnen waren ja, wenn auch ohne Begeisterung, immer noch bereit, das täglich schrumpfende Reich mit der Waffe in der Hand zu verteidigen. Die versprengten Reste der SS und der Feldpolizei ließen es sich nicht nehmen, auf ihrem Rückzug Jagd auf Befehlsverweigerer und Deserteure zu machen. Besonders mißtraute er seinem hohlwangigen Kompanieführer. Dieser kleine Fanatiker soll übrigens später von den Siegern an einen Baum geknüpft worden sein, weil er seinen nunmehr privaten Krieg als unbelehrbarer »Werwolf« weiterführen wollte.

Schon lange vor dem Abmarsch der HJ-Division, die eher ein Phantom als ein Kampfverband war, hatte M. sich mit einer topographischen Karte im Maßstab 1:25 000 und mit einem Vorrat von zivilen Kleidern versehen, die er an zwei Orten im Umkreis von fünf bis zehn Kilometern deponierte, zum einen in der Scheune eines nahe gelegenen Bauernhofes und zum andern in der Wohnung einer befreundeten Familie, die ein Kollege des Vaters auf der Flucht vor den Bombenangriffen in der Kleinstadt F. untergebracht hatte.

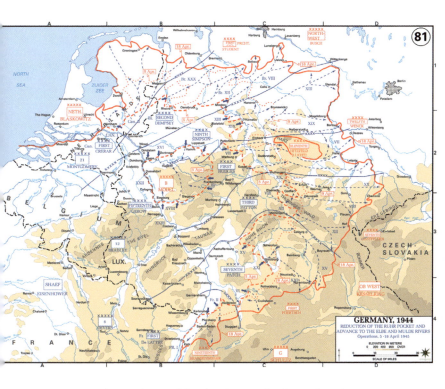

Erst als er das mahlende Geräusch der nahenden amerikanischen Panzer hörte, schien M. der richtige Augenblick gekommen, um zu verschwinden. Es gelang ihm, unbemerkt von den anderen bei strahlend schönem Wetter ein Weizenfeld zu erreichen. Er warf sich in das niedrig stehende Korn. Von einer Anhöhe her waren Schüsse zu hören. In einer Art Trance, ohne eigentlich Angst zu spüren, bemerkte er, wie sich vor seinen Augen kleine Staubwölkchen erhoben, und begriff, daß er einer Panzerkanone als Ziel diente. Daraufhin stellte er sich tot. Dieser Ausdruck fiel ihm allerdings erst später ein. In einer Art von Absence wartete er ab, bis die Knallerei verstummte und kein Motorengeräusch mehr zu vernehmen war. Dann setzte er seine Wanderung fort.

Die ganze Gegend war wie ausgestorben. Kein Flugzeug war am Himmel zu sehen. Nur ein Bussard zog seine Kreise. M. gelang es, das Unterholz einer Waldung zu erreichen. Als die Dämmerung anbrach, kam er beim Gehöft jener Bauerntochter an, die seine Zivilkleider in ihre Obhut genommen hatte, ohne daß ihr Vater davon wußte.

Was sonst in jener Nacht geschah, war nicht klar. Nur an das Kitzeln des Heus kann M. sich erinnern. Seine Uniform landete auf dem Misthaufen. Unter Vermeidung größerer Straßen erreichte er mit Hilfe seiner Karte und einer Taschenlampe nachts eine sichere Bleibe in F., der nächsten Kreisstadt.

Diese schlichte, mehr als einmal erzählte Geschichte ist vermutlich im Lauf der Jahrzehnte ausgeschmückt und verbessert worden, so daß M. selber nicht mehr zu sagen weiß, ob sie sich genauso abgespielt hat, wie er glaubt.

Unter den Augen der Militärpolizei

M.s nächster Zufluchtsort war sein zweites Depot. Die bezaubernde Frau S. war im vorletzten Kriegsjahr in einer komfortablen Villa untergekommen, die ihr Mann durch kollegiale »Beziehungen« organisiert hatte. Leider warf der amerikanische Ortskommandant ein Auge auf das Haus, beschlagnahmte es kurzerhand und vertrieb die Bewohnerin und ihre Kinder.

Unter dem Dach eines altertümlichen Fachwerkhauses fand sich bei hilfreichen Nachbarn eine bescheidene Notunterkunft. Sogar eine Gummimatratze für den unerwartet auftauchenden M. war vorhanden. Nur an Bettzeug fehlte es. Auch gab es nicht für alle genug zu essen. Mit einem Wäschekorb machte sich der Abtrünnige auf den Weg zur Kommandantur und verlangte, mit dem zuständigen Offizier zu sprechen. Der erlaubte ihm, ein paar Laken und Kissen aus der verlassenen Wohnung zu holen.

Auf dem Heimweg fielen ihm am Hintereingang einige offene Kisten mit bunten Dosen, Schachteln und Säcken auf. Nicht ohne Herzklopfen verging sich M. an diesen nahrhaften Reichtümern. Seine Beute versteckte er unter dem Bettzeug und trug unter den Augen der Wache den Wäschekorb fort. So mißbrauchte er zwar die Gutmütigkeit der Besatzer, seinen unfreiwilligen Gastgebern verhalf er jedoch zu märchenhaften Mahlzeiten aus den überseeischen Beständen.

Das letzte Gerücht

»Sieh nur, wie viele Federn die Fama hat, und so viele Augen hat sie darunter, und so viele Zungen, so viele Stimmen, und sie lauscht mit so vielen Ohren.« Diese Reminiszenz an ein altes Wort von Francis Bacon paßt nicht schlecht zu dem, was M. an der Hauptstraße der Kreisstadt F. hörte, drei Tage nachdem die deutschen Truppen geflohen waren. Teils über die mit herabhängen-

den Bettüchern geschmückten Simse ihrer offenen Fenster gelehnt, teils schweigend am Straßenrand stehend, sahen die Einwohner den vorbeirasselnden Panzern zu, deren Besatzung ihnen unbekümmert zuwinkte.

Plötzlich aber erfaßte die Zuschauer eine eigentümliche Erregung. Sie tuschelten. Während einige sich kopfschüttelnd abwandten, hellten sich die bekümmerten Mienen der meisten auf. Es dauerte eine Weile, bis M. klar wurde, was das Gerede zu bedeuten hatte. In allerletzter Minute habe sich das Blatt gewendet, hieß es; die lang erwartete Wunderwaffe sei endlich zum Einsatz gekommen. Das wisse man aus einer Sondermeldung im Radio.

Der ihm das ins Ohr zischte, ein älterer beleibter Mann, der eine schwarze Skimütze trug und vor Aufregung zitterte, sprach mit hochgerecktem Kinn vom Endsieg, der nun doch unmittelbar bevorstehe.

Die allererste transatlantische Unterhaltung

Beim Einmarsch der amerikanischen Armee erschienen M. die GIs wie Besucher von einem anderen Stern. Nicht ausgemergelt und abgerissen wie die einheimischen Vaterlandsverteidiger, sondern lässig, gutgenährt und gutgebügelt saßen sie in ihren olivgrünen Wagen und lachten, mit einer aromatischen Zigarette in der Hand, über die erschrockenen Einwohner. Dieser Anblick überzeugte ihn augenblicklich von der Unbesiegbarkeit der Armada, die zu Schiff über den Atlantik gekommen war.

Noch bevor es dunkel wurde, zündeten die Sieger ein Feuer an und ließen sich, auf den Fersen hockend, vor einem Brunnen nieder. Es gab dunkelhäutige Riesen unter ihnen, die Hefte mit bunten Kinderzeichnungen herumreichten, über die sie sich amüsierten. Aus lauter Neugier wandte er sich mit den paar britischen Wörtern, an die er sich aus dem Unterricht erinnern konnte, an die Soldaten, die offenbar nichts dagegen hatten, daß er sich zu ihnen setzte. Sie boten ihm ein farbiges Stäbchen an, das nach Entfernung der Hülle und eines silberglänzenden Papiers eine graue, mit leichtem Staub bedeckte Masse enthielt. Sie war süß und schmeckte nach Pfefferminz, schmolz aber nicht im Mund. Er tat es den starken Kiefern der freigebigen Riesen gleich und lernte, wie man zuerst durch Bisse, dann durch Kaubewegungen mit *Wrigley's Chewing Gum* umgehen mußte.

Daß diese kräftigen Männer ihre Heftchen voller Kinderzeichnungen ernsthaft studierten, fand M. sonder-

bar. Aber nach einer Weile merkte er, daß die Geschichten, die sie erzählten, ganz unterhaltsam waren, und so erschloß sich ihm an diesem ersten Abend eine ganze neue Dimension der Literatur. Später erfuhr er, daß die Armeezeitung, die mit der Fahne geschmückt war und *Stars and Stripes* hieß, jeden Tag eine neue Folge solcher Bildserien brachte: die *Katzenjammer Kids*, den *Superman* oder die Saga von Entenhausen.

Eine luxuriöse Notration

Auf dem langen Fußmarsch nach Hause fand M. im Straßengraben einen ziegelförmigen Gegenstand, dem nicht anzusehen war, woher er kam und wozu er dienen sollte. Eingeschlagen war dieses Fundstück in dickes, dunkelbraunes Wachspapier. Nach der Entfernung dieser wasserdichten Umhüllung kam ein starker, nagelneuer

Karton mit einem sinnreichen Verschluß zum Vorschein, der den Blick auf eine dichtgepackte Kollektion von Gegenständen freigab. Das Paket enthielt eine Reihe von Schächtelchen, kleinen Tüten, Tuben und Dosen mit unbekanntem Inhalt. Vieles davon war eßbar. Ein metallisch glänzendes Cachet enthielt ein dunkelbraunes, bitter schmeckendes Pulver. Aus der in winziger Schrift gedruckten Gebrauchsanweisung ging hervor, daß man daraus durch Zugabe heißen Wassers echten Bohnen-

kaffee zubereiten konnte. Die durch einen Zug am Fingerring mühelos zu öffnende Dose enthielt Fleisch, eine zweite gezuckerte Pfirsichhälften. Pulvrige Milch, Zucker, Salz, Pfeffer, Schokolade, Käse, knusprige Kekse, das alles war in minimaler Dosierung vorhanden, aber auch Heftpflaster, ein Zahnbürstchen, eine Portion Zahnkrem, eine Kopfschmerz-Tablette, ein Heftchen mit Toilettenpapier und schließlich ein versiegelter Gummiring und zwei medizinisch wirkende Tuben, deren Verwendungszweck Rätsel aufgab, die M. erst nach längerem Nachdenken lösen konnte. Diese Präparate dienten dem Schutz des Besitzers vor sittlichen und gesundheitlichen Gefahren. Damit war, mit einem Wort, an alles gedacht, was dem Wohl des Bürgers in Uniform dienen konnte. Später stellte sich heraus, daß diese *K Ration*, weit entfernt davon, ein Luxusgegenstand für hochgestellte Offiziere zu sein, das Minimum war, das jedem Mitglied der amerikanischen Streitkräfte zustand, als eiserne Ration, die millionenfach per Schiff aus der westlichen Hemisphäre an die Front gebracht wurde. M. schloß daraus, daß es nicht ratsam war, sich mit einem Land anzulegen, das scheinbar mühelos einen solchen Aufwand trieb.

Eigenartige Glücksgefühle

M. gedenkt der Tage nach der deutschen Niederlage beinahe sehnsüchtig. Das sei eine der schönsten Zeiten seines Lebens gewesen. Andere finden das übertrieben. Sie beschreiben das Ende des Krieges als Katastrophe. Das kommt daher, daß sie sich vor allem an allerhand Plagen erinnern, an den Hunger, die Flucht, die Suche nach einer Bleibe, die Sorge um ihre Kinder und um ihre verschollenen Angehörigen.

M. dagegen ließ die Auflösung der gewohnten Ordnung nicht nur kalt, sie begeisterte ihn. Die Institutionen waren in diesem herrlichen Sommer wie vom Erdboden verschluckt. Die Terroristen des Staates hatten ihre Uniformen abgelegt, verbrannt oder vergraben. Es war niemand da, der einen überwachte. Es gab keine Fahrpläne mehr, keine Schulen, keine Behörden. Zwar herrschte im Land eine Militärregierung, die aber war unsichtbar, fern und ahnungslos. Sie erließ einen Befehl nach dem andern. Zum Beispiel war es verboten, sich ohne schriftliche Genehmigung mehr als ein paar Kilometer von seinem Wohnort zu entfernen, aber es war niemand da, um für die Einhaltung solcher Vorschriften zu sorgen. Sie wurden, da es keine Zeitungen mehr gab, in der tiefen Provinz durch einen Ausrufer bekanntgemacht, der sie, wie ein mittelalterlicher Büttel, mit der Glocke auf dem Marktplatz auszurufen hatte.

Nie zuvor und nie danach hat es eine solche Freiheit gegeben. Den Preis, den die meisten dafür zu bezahlen hatten, ihre Not, ihre Angst, ihre Verwirrung, vergißt M. oft eigens zu erwähnen, und so finden seine Erzählungen wenig Zustimmung. Wegen seiner moralischen Mängel und wegen seines Leichtsinns ist er oft getadelt worden.

Eine Frage der Interpretation

Kaum war die neue Macht, in Gestalt einer amerikanischen Kompanie, in dem kleinen Nest, in das seine Familie und ihn der Krieg verschlagen hatte, eingezogen, da ließ M. sich sogleich mit ihr ein, weil er unbedingt sein mageres, altmodisches Schulenglisch ausprobieren wollte. Der Kommandant, ein Captain aus dem Mittleren Westen, hatte sein Hauptquartier in einem großen Bauernhaus am Ortsausgang eingerichtet. M. glaubt sich an seinen Namen zu erinnern: Freddie McCann.

Da nun die Handwerker und Bauern in diesem Nest der Sprache der Sieger nicht mächtig waren, fiel ausgerechnet ihm, dem skrupellosen Halbwüchsigen, die Rolle eines Dolmetschers zu. Der Captain fragte ihn, wer als Bürgermeister in Frage käme. M. warnte vor einem Mann, der sich als Kandidat anbot. Dieser glatzköpfige, gutgekleidete ältere Herr mit der Miene eines harmlosen Rentners, der hinter seinem Jägerzaun ein Häuschen an der Bahnhofstraße bewohnte, hatte nämlich jahrelang als Statthalter der Gestapo gedient. Er drängte den Kommandanten nicht, den Mann zu verhaften. Doch daß er vorhatte, sich im Rathaus einzunisten, zeugte von einer Unverschämtheit, mit der er nicht durchkommen sollte. Obwohl ihm die Rolle des Denunzianten nicht gefiel, betrachtete es M. als eine seiner wenigen verdienstvollen Taten, diesen Spitzel ausgebootet zu haben.

Im Rathaus des Orts wurde er fortan von seinen Mitbürgern mit überraschendem Respekt, ja geradezu devot behandelt.

Ein Fall von Wehrkraftzersetzung

M.s Vater war seit dem März 1945 verschollen. Ungewöhnlich war das nicht. Hunderttausende waren auf der Flucht oder saßen in irgendwelchen Lagern in Sibirien, in Afrika oder in amerikanischen Baracken fest. Erst nach der bedingungslosen Kapitulation des Großdeutschen Reiches stellte sich heraus, wo der Vater geblieben war. Er saß im Nürnberger Zellengefängnis an der Fürther Straße, ebendort, wo die Alliierten ein paar Monate später die deutschen Kriegsverbrecher unterbrachten, um sie vor Gericht zu stellen.

Akten über seine Verhaftung gibt es nicht. Fest steht, daß man M.s Vater »Wehrkraftzersetzung« vorgeworfen hat, ein Vergehen, auf das damals die Todesstrafe stand. Nicht nur soll er unter Zeugen am Endsieg gezweifelt und sich abfällig über den Führer geäußert haben. Noch gravierender war, daß er den Befehl verweigerte, alle Anlagen zu zerstören, die er im Lauf seines Berufslebens aufgebaut hatte: die Vermittlungsknoten, die, über ganz Bayern verteilt, für den Betrieb des Telephonnetzes sorgten. Die Politik der verbrannten Erde, auf welche die Reste der Reichsregierung erpicht waren, wollte ihm nicht einleuchten.

Die Ermittlungsrichter und die Staatsanwälte kamen jedoch zu dem Schluß, daß Strafverfahren dieser Art kein günstiges Licht mehr auf ihre Zukunftsaussichten werfen würden. Die amerikanischen Truppen standen kurz davor, die Stadt einzunehmen. Deshalb behandelten die Juristen den Fall, anders als die Gestapo, dilatorisch. Sie ließen M.s Vater in seiner Zelle schmoren und sorgten dafür, daß die Akten verschwanden.

Schon in den ersten Tagen befreiten die Amerikaner ihn und ein paar hundert andere Zivilisten aus dem Zellengefängnis. M.s Vater konnte in die Reste seiner beschädigten Wohnung zurückkehren und seine berufliche Tätigkeit wiederaufnehmen. Denn alle wollten so bald wie möglich wieder telephonieren, nicht nur die notdürftig eingesetzte kommunale Administration, sondern auch die amerikanischen Stäbe. Die Militärregierung fand bald heraus, daß M.s Vater nicht ganz unbelastet war; sein Name erschien auf einer Mitgliederliste der NSDAP, in die

148

er schon 1933 eingetreten war. Daraufhin wurde er vom Oberpostrat zum Telegraphenarbeiter degradiert. Das kümmerte ihn nicht, weil er nie auf seinen Titel Wert gelegt hatte und weil sich an seinen Aufgaben nichts änderte. Auch die Minderung seines Gehaltes ließ ihn kalt, weil der Wert der Reichsmark ohnehin im freien Fall war.

Monate vergingen, bis M.s Familie von diesen Geschehnissen erfuhr. An Ferngespräche war nicht zu denken; von einem Personenverkehr mit der Eisenbahn war noch lange nicht die Rede; es dauerte Monate, bis die ersten, mit Holzgas betriebenen Omnibusse fuhren. Erst als es soweit war, tauchte M.s Vater unversehens und unerwartet wieder in der Kleinstadt auf, in die es seine Familie verschlagen hatte.

An Stelle eines BWL-Studiums

M. wurde des öfteren gefragt, ob er den Siegern nicht die eine oder andere Kriegstrophäe verschaffen könnte. Es war nicht schwer, ihnen diesen Wunsch zu erfüllen, hatten sich doch die Einwohner der Stadt ihrer Parteiabzeichen, Armbinden und Ehrendolche hastig entledigt und sie in ihren Gärten und Kellern unauffällig beerdigt. In den nahen Wäldern gab es Mulden, in denen der Ortskundige nicht nur SS-Uniformen, Mützen und Orden, sondern auch die eine oder andere Dienstpistole finden konnte.

Nun waren das allerdings Gegenstände, deren Besitz die Militärregierung unter Strafe gestellt hatte. Wer sie versteckte, dem wurde sogar die Todesstrafe durch ein Standgericht angedroht. Andererseits boten die Angehörigen der Truppe, die sich wohl in ihrer Heimat größere Bewunderung für ihr Heldentum erhofften, wenn sie es handgreiflich beweisen konnten, phantastische Summen für solche Fetische. Obwohl er ein Exemplar der Dienstpistole Marke Walther, Kaliber 9 Millimeter, die er im Wald gefunden hatte, unter dem Bett aufbewahrte, blieb M. von einer Hausdurchsuchung verschont und konnte sie dem freundlichen Captain aus South Dakota überlassen.

Auf diese Weise ist er zum bedenkenlosen Schwarzhändler geworden. Und gerissen wie er war, wurde er bald ziemlich reich, nicht in der wenig geschätzten und nachgerade wertlosen Landeswährung, sondern in Form von begehrten Gütern. Als Maßstab und Preisregulativ galt die amerikanische Zigarette, die jederzeit zum Tageskurs gegen Lebensmittel, Kleider und alle anderen Gegenstände des täglichen Bedarfs eingetauscht werden konnte.

Er legte die schwarz umgefärbte feldgraue Mütze mit den Ohrenschützern ab, ließ sich einen Zweireiher aus grauem Stoff mit weißen Nadelstreifen schneidern und lief damit in der Kleinstadt herum.

M. erwarb sich auf diese Manier binnen weniger Wochen ökonomische Kenntnisse, wie sie die Harvard Business School nicht gründlicher bieten kann; ja sogar einige theoretische Anfangsgründe eignete er sich damals an. Auf weitere Anleitungen, wie die Lektüre der *Theorien über den Mehrwert*, konnte er dabei verzichten. Seither, sagt er, wisse er Bescheid, nicht nur über Unternehmertum, Volatilität der Märkte, Angebot und Nachfrage, sondern auch über die primäre Kapitalakkumulation, den Waren-

```
Wörishofener Schwarzmarktliste
-------------------------------
            Mai 1948
   (in einem Dorfwirtshause aufgelegt)

Anzüge 1000-5000 M.
Mäntel 1000- 3000
Herrenschuhe 700 - 1400 M.
Damenschuhe 700- 1400 Damenstrümpfe 110-180 M.
Strickhandschuhe  80M.
Herrensocken 75- 80M.
  Mohnöl 1t 350 -390 M
Ztr. Kartoffel 300 - 350M.
Kaffe 450-500
  Oel 1t 300
Butter 250- 280 M.
Zucker 220- 260 M.
Margarine 180 M.
Wurst 160 M.
  Schweinefleische 120 M
Schnaps 140 - 200 M.
Schokolade 120M.
Gänse 70 - 100 M.
Ztr.Kohlen 70 M.
  Käse 70-90 M.
  Kaninchen 90 M.
Rindfleisch 60 M.
  Weizenmehl (kanadisch) 33 - 35 M.Pfund
Weizenmehl (deutsch) 28-30M.
  Brot 30-35 M.
Haferflocken 30M.
  Glühlampen 25-60M.
  Apfelsinen 24 M.
Roggenmehl,Grütze,Erbsen,Bohnen
         u.Aepfel à 20 M.
Hering 8-12 M.
Seife St. 10-60 M.
  Zwiebel 9 M.
  Zigaretten a 7 M.
Feuersteine à 5 M.
  Nähnadel u. ein Gramm Tee à 1 M.


     *****************************
```

fetischismus und die Ausbeutung. Übrigens machte er damals bereits die Erfahrung, daß auch das Finanzkapital, das in seinem Fall eine Höhe von einigen zehntausend

Lucky Strikes erreichte, nur mit Wasser kocht. Diese frühe Einweihung in die Geheimnisse des Wirtschaftslebens genügte ihm, so daß er leichten Herzens und neidlos auf eine Karriere in dieser Sphäre verzichten konnte.

Zu seinem Ansehen in den schwierigen Jahren der Adoleszenz trugen seine kurzlebigen Erfolge bei, weil sie ihm ermöglichten, ein paar weniger skrupellose Personen seiner Umgebung zu füttern. Andererseits blieb er von Neid und Mißgunst nicht verschont. Gewisse feindselige Regungen von seiten seiner Mitmenschen kann er heute gut verstehen. Er muß damals unerträglich gewesen sein.

Schwarzmalerei aus Wut

Mit den öffentlichen Gütern sah es schlecht aus. Zwar kam noch Wasser aus dem Hahn und meistens Strom aus der Steckdose, aber als Transportmittel mußten der Leiterwagen und das alte Fahrrad herhalten. Mit einer Schachtel Zigaretten konnte sich M. zwar eine Tüte Zucker oder eine Handvoll Nägel verschaffen, aber keine Fahrkarte; denn auf den stillgelegten Strecken gab es keine Züge. Als ihn die ersten Lebenszeichen seines Vaters erreicht hatten, wollte er ihn unbedingt in der weit entfernten Großstadt besuchen.

Eines Tages stand vor dem kleinen, ausgestorbenen Bahnhof ein senfgelb angestrichener Bus. Hinter dem Sitz des Fahrers war ein schwarzer Kessel eingebaut, der mit Holzspänen gefüllt wurde. Ein kühner Unternehmer hatte erkannt, wie er ohne Benzin Passagiere befördern konnte. Holzgas trieb sein verbeultes altes Fahrzeug an.

Der Andrang war groß. Um jeden Platz wurde gekämpft. M. gelang es, sich vorzudrängen und einen Sitzplatz zu erringen. Ein kräftiger Mann mit Schiebermütze und Blumenkohlohren, der zu spät gekommen war, riß ihn gewaltsam hoch und warf ihn aus dem überfüllten Bus. Niemand kam dem Jungen zu Hilfe. Er mußte sich unverrichteter Dinge nach Hause trollen.

Wochenlang brütete M. über diesen Vorfall, bis der Mann eines Tages wiederauftauchte. Er folgte ihm nach bis zu einem schäbigen Schuppen an der Landstraße, in dem er offenbar hauste. Der Mann schien allein zu leben. M. machte sich mit seinen Gewohnheiten vertraut und stellte fest, daß sein Feind manchmal tagelang verschwand, vermutlich, um seinen Geschäften nachzugehen.

Es war nicht schwer, einen Eimer mit schwarzer Ölfarbe und einen Anstreichpinsel zu besorgen. Das Vorhängeschloß des Abwesenden ließ sich ohne weiteres mit einer Haarnadel öffnen. M. ging sorgfältig zu Werke und schwärzte erst die Küche und dann den Wohn- und den Schlafraum des Besitzers, angefangen von Tisch und Stuhl bis zu den Tellern, dem Wecker und den Kleiderhaken. Nach stundenlanger Arbeit war seine Wut verflogen.

Der kalte Genuß bei der Vorstellung, wie der Mann nach Hause kommen und seine Bleibe rabenschwarz bemalt vorfinden würde, befriedigte ihn tief. Nie würde dieser Kerl erfahren, wer ihm diese Überraschung bereitet hatte und aus welchem Grund.

Noch eine amerikanische Handreichung

Es war eine der letzten guten Taten der Regierung von Franklin Delano Roosevelt. Er legte ein Programm für die heimkehrenden GIs auf, das ihnen nicht nur Geld und Orden, sondern auch eine solide Bildung verschaffen sollte. So kamen eines Tages in der fränkischen Kleinstadt schwere Bücherkisten mit ausgewählter Lektüre an. Kleine Paperbacks mit grellbunten Umschlägen im Querformat lockten mit einer wilden Mischung aus Thrillern und Klassikern, Unterhaltungsromanen und Philosophie. Vieles davon wäre der Reichsschrifttumskammer sicherlich nicht geheuer gewesen. Nun konnte M. in Hemingway, Louis Bromfield oder Mark Twain schwelgen. In den Kisten fand er auch eine dicke graue Broschur, die ein gewissenhafter amerikanischer Professor namens Untermeyer zusammengestellt hatte. Offensichtlich war in Washington jemand zu der Überzeugung gekommen, daß die Truppe unbedingt William Carlos Williams, T. S. Eliot und Wallace Stevens lesen sollte.

In dem Bücherberg, den der gute Captain loswerden wollte, gab es sogar ein paar Werke deutscher Autoren: einen fast vergessenen Bestseller, *All Quiet on the Western Front* von Erich Maria Remarque, *The Magic Mountain* von Thomas Mann und *The Trial* von einem Prager Schriftsteller, dessen Namen M. noch nie gehört hatte. So kam es, daß er Kafka auf englisch entdeckte, in einer *Overseas Edition* für die Soldaten, in einem Stapel ungelesener Bücher.

154

In der britischen Enklave

Dann zogen die Amerikaner ab, und die Engländer kamen. Damals sprach noch kein Mensch vom *United Kingdom of Great Britain and Northern Ireland*. Die ganze Insel hieß aus dem Kontinent einfach bloß England. Mitten in der amerikanischen Besatzungszone hatte sich die Royal Air Force einen Berg im fränkischen Jura ausgesucht, um dort eine Radarstation einzurichten.

Von der unrühmlichen Rolle, die dieser Ort während des NS-Regimes gespielt hat, ahnten sie nichts. Julius Streicher hatte dort Jahr für Jahr seine antisemitischen Massenkundgebungen rund um den »heiligen Berg der Franken« zusammengetrommelt. Daran wollen auch die heutigen Tourismus-Manager, die um Segelflieger und Wanderer werben, nicht erinnert werden.

Fliegen durften die flotten Männer von der Royal Air Force nicht, denn sie gehörten zur Nachrichtentruppe. Aber M. schätzte ihr Englisch, das dem ähnlich war, was ihm sein alter Lehrer beigebracht hatte. Sie sprachen nicht, wie die GIs, einen Dialekt aus dem Mittleren Westen.

Daß er bei der kleinen Garnison auf dem Hesselberg bald ein und aus ging, hatte M. einzig und allein seinem Bruder Christian zu verdanken. Der hatte dort, um die Familie in den Hungerjahren durchzufüttern, einen Job als Küchenhilfe angenommen. M. weiß noch, wie der Vierzehnjährige abends mit kleinen Päckchen und Schüsseln nach Hause kam und köstliche Dinge wie Pfirsiche, gesalzene Butter und bittere Orangenmarmelade mitbrachte.

Nicht nur hat er diese Schätze mit den anderen geteilt, er machte M. auch mit seinem Freund bekannt, einem eleganten Sanitätsoffizier, der zwar den Zweiten Weltkrieg hindurch nie eine Waffe in die Hand genommen hatte, aber beim Militär immerhin einen Verband anzulegen und eine Spritze zu geben wußte. Im zivilen Leben war dieser Christopher Opernregisseur, lebte in London und führte am Royal Opera House Regie. Weil er sich langweilte, brachte er den Wing Commander so weit, daß er ihm erlaubte, mit der Mannschaft der Radarstation dann und wann ein Theaterstück zu inszenieren. *Rope*, ein Stück von Patrick Hamilton, erwies sich als der Renner der Saison.

Im Schlepptau seines Bruders kam M. zu einer neuen Beschäftigung, die über das Dolmetschen hinausging. Eine Zeitlang durfte er sogar Barmann in der *Officers' Mess* spielen. Dort hantierte er mit Mixer, Shaker und Eiswürfeln und servierte Screwdrivers, Pink Gin und Bloody Marys. Nach ein paar Wochen hatte er den Jargon der

Air Force erlernt und sich Vokabeln wie *Snafu* angeeignet: »*Situation normal, all fouled up*«. Anpassungsfähigkeit? Angeberei? Eitelkeit? Einmal hat er sich sogar ein blaues Barett mit einem Emblem der RAF aufgesetzt. Dort stand in goldverzierten Lettern: *Per ardua ad astra.*

Der Ruf des Kuckucks

Die Engländer waren nicht scharf auf Nazi-Trophäen. Sie wollten zu Hause lieber mit anderen Souvenirs aus dem exotischen Land der Hunnen aufwarten. Als er das begriffen hatte, brachte M. dem Kommandeur eines Tages eine kleine Kuckucksuhr mit und versicherte ihm, das sei ein typisches Produkt der Eingeborenen. Nicht nur der Oberstleutnant, auch alle  anderen wollten plötzlich eine derart eigenartige Uhr haben. M. bat den Wing Commander, einen Lastwagen, einen Sergeanten und einen Fahrer zur Verfügung zu stellen, um in dem verwüsteten Land nach Kuckucksuhren zu fahnden. Er tat sich so lange um, bis er auf eine kleine Fabrik im Schwarzwald stieß, von der es gerüchtweise hieß, sie habe allen Widrigkeiten zum Trotz die Produktion wiederaufgenommen.

Die geplante Expedition war strenggenommen illegal, denn ihr Ziel lag in der französischen Zone, und die Besatzungsgrenzen wurden eifersüchtig gehütet. Nur das Alliierte Oberkommando, das kaum am Erwerb von Kuckucksuhren interessiert war, hätte die nötigen Reisepapiere ausstellen können. Kurz entschlossen brachten die Engländer als Währung für dieses Import-Export-Geschäft ein paar Säcke Kaffee und ein paar Stangen »aktiver« Zigaretten in Umlauf. So nannten die Kriegsheimkehrer im Gegensatz zu den Selbstgedrehten die echte Ware. Die Amerikaner rauchten *Chesterfield, Camel* oder *Old Gold*; die Briten bevorzugten *Player's Navy Cut* und *Senior Service,* 20 in einer Schachtel, 200 die Stange, 10 000 in einer Palette.

An der Zonengrenze brauste der Lastwagen am Schlagbaum vorbei, ohne anzuhalten. Die wachhabenden Marokkaner waren zu sehr damit beschäftigt, die aus dem Fenster geworfenen Schachteln aufzuklauben, als daß sie nach den Papieren gefragt hätten. In der Schwarzwälder Manufaktur wurden die Kaffeesäcke ausgeladen. Die Verhandlungen verliefen günstig, so daß die Expedition mit einem ganzen Sortiment von Kuckucksuhren heimkehren konnte.

Eine Abstufung der Beute war notwendig, weil keine militärische Organisation ohne deutlich erkennbare Hie-

rarchie auskommt. Dem Kommandeur, der im Zivilberuf
eine große Gärtnerei in Essex besaß, wurde ein gewaltiges
Exemplar mit geschnitzten Vögeln, Tanzfiguren, mehre-
ren Schlagwerken, Kettenzügen und Türchen überreicht.
Weniger extravagante Modelle kamen den Unteroffizie-
ren, Dutzende von einfachen Kuckucken den Mannschaf-
ten zugute. Von diesem Tag an erhob sich jedesmal zur
Geisterstunde ein gellendes Gezwitscher in allen Räumen
des weitläufigen Geländes, ein Ausdruck der beiläufigen,
wenngleich verbotenen Fraternisierung zwischen Siegern
und Besiegten.

Eine Filmvorführung

Seit dem Ende des Krieges hatten die letzten kommer-
ziellen Kinos ihre Rolläden heruntergelassen. Nach der
Kapitulation mußte das Publikum sich mit einer Scheune oder einer Turnhalle zufriedengeben und ein paar
Holzscheite oder ein Brikett mitbringen, wenn es nicht
erfrieren wollte.

Im besetzten Deutschland lief damals ein ganz anderer Film ab, der nie in einem UFA-Palast zu sehen gewesen
war. Auch die Blitzmädchen, die im Keller die alliierten
Bomberflotten gemeldet hatten, kannten ihn nicht.

Eines Tages wurde in W. ein Trupp von Halbwüchsigen, die notdürftig umgefärbte Jacken trugen, in einen
nach abgestandenem Bier stinkenden Wirtshaussaal geführt. Keiner von ihnen ging aus freien Stücken hin, ob-

wohl der Eintritt gratis war und niemandem Brennholz abverlangt wurde.

Als M. zusammen mit den anderen Zuschauern Platz genommen hatte und auf der Leinwand die ersten Bilder erschienen, wurde es auf einmal ganz still im Saal. Denn die körnigen, verregneten Schwarzweißaufnahmen des Films zeigten Leichen, immer mehr Leichen, auf Halden hingeworfen wie Abfall. Die Toten lagen nackt und bis auf die Knochen abgemagert auf dem Boden. Dann wurden vor Wachtürmen, Drahtzäunen, leeren Appellplätzen und verlassenen Baracken die Überlebenden gezeigt. In gestreiften Lumpen, auf Helfer gestützt, wankten sie der Kamera entgegen. Es war kaum zu glauben, daß sie noch am Leben waren, so abgezehrt sahen sie aus, und ihre Augen ... Heute hat natürlich jeder solche Bilder gesehen. Sie laufen an gewissen Tagen routinemäßig im Abendprogramm. Niemand scheint sich mehr daran zu erinnern, wie er ihnen zum ersten Mal ausgesetzt war.

M. müßte lügen, wenn er behaupten wollte, daß er Mitleid mit den Opfern empfunden hätte; es ist schlimmer gewesen. Ihr Anblick habe ihn gewürgt. Dieses Gefühl erfaßte den ganzen Körper, unwillkürlich und ohne Besinnung. Vor Ekel konnte er tagelang nichts mehr essen, und ganz hat ihn dieser Ekel nicht mehr verlassen.

Eine solche vormoralische Reaktion ist stärker als das vage Schuldgefühl, das man empfindet, weil man in eine Gesellschaft von Mördern hineingeboren wurde. Der Ekel ist eine asoziale Empfindung, frei von jeder nationalen oder intelligiblen Bestimmung; er schließt den mit ein, den er überwältigt, einfach deshalb, weil er derselben Spezies angehört.

Die Folgen dieses Schocks hielten lange an. M. konnte damals keinen Arzt mehr aufsuchen, ohne sich Gewißheit über sein Vorleben verschafft zu haben. Ebenso begegnete er jedem Richter, jedem Polizeibeamten und jedem Professor, der einer bestimmten Altersgruppe angehörte, mit einem chronischen Mißtrauen. Dieser Argwohn erwies sich, wie nicht anders zu erwarten, in vielen Fällen als begründet. Je weiter er aber seine Nachforschungen trieb, je mehr Bücher er las und sich in Dokumentationen vertiefte, desto mehr drohte die Vergangenheit ihm zur Obsession zu werden. Erst nach geraumer Zeit ist ihm aufgegangen, daß er ganz ohne eigenes Zutun, auf nichts als auf glückliche Zufälle gestützt, immerzu auf die bessere, die richtige Seite geraten war. Zur Tatzeit war er einfach nicht alt genug, um in das Verbrechen verwickelt zu sein.

Kontrafakturen

War vielleicht manches ganz anders? Warum nicht. Das mag unwahrscheinlich sein, aber unmöglich ist es nicht. Denkbar wäre das Folgende. Herr und Frau Levendeur konnten mit Hilfe amerikanischer Verwandter 1934 auswandern und einen Teil ihrer Ersparnisse ins Ausland bringen. Ihre beiden Söhne führen heute das größte Pelzgeschäft in Cleveland, Ohio. Der Herr Präsident der Oberpostdirektion hatte sich, wie sich erst 1949 herausstellte, einem klandestinen Netz von Leuten angeschlossen, die im Widerstand arbeiteten. Der Hausmeister Kraft, ein früherer Kommunist, druckte während des Krieges in einem Abstellraum gefälschte Lebensmittelkarten und Passierscheine für flüchtige Genossen auf einer Handpresse. Oder umgekehrt: Der Heizer Hieronymus meldete sich im Herbst 1938 freiwillig zur SS und wurde als Befehlshaber eines Erschießungskommandos nach dem Einmarsch der Roten Armee hingerichtet. So könnte es gewesen sein. Aber wer soll das glauben?

Was die beiden ungleichen Nachbarn aus dem Dienstgebäude betraf, den Hausmeister und den Präsidenten, so vermutet M. eher, daß ihnen der Dank des Vaterlandes gewiß war. »Personen, die am 8. Mai 1945 im öffentlichen Dienst standen und aus anderen als beamten- oder tarifrechtlichen Gründen ausgeschieden sind«, konnten nämlich aufgrund des »Gesetzes zur Regelung der Rechtsverhältnisse der unter Art. 131 GG fallenden Personen« aus dem Jahr 1951 verlangen, daß sie wieder eingestellt wurden. Auch wegen ihrer Altersversorgung brauchten sie sich keine Sorgen zu machen; die höchsten Instanzen der Justiz haben schon in ihrem eigenen Interesse entschieden, daß den Richtern kein Haar gekrümmt wurde. Oberlandesgerichtspräsidenten und Hausmeister hängt man nicht so leicht.

Intermezzo im Schloß

Niemand schimpfte auf den alten Fürsten, dem der große Mischwald vor dem verschlafenen Städtchen W. gehörte. Alle wußten, daß es dort Himbeeren und Pfifferlinge gab und daß man Körbe voll mit Brennholz davonschleppen konnte, ohne daß der Förster den Waldfrevler vertrieb.

Aber wie kam es, daß M. zum Essen ins fürstliche Schloß eingeladen wurde? Daran war seine Mitschülerin Natascha schuld, eine ernste schöne Russin, die eines der zweihundert Zimmer des allzu großen gelben Gebäudes bewohnte, weil sie auf komplizierte Weise mit der Fürstin verwandt war. Einer ihrer Stammväter soll der letzte Liebhaber Katharinas der Großen gewesen sein. Nur schade, daß Nataschas Mutter an ihrem Tennislehrer Gefallen

gefunden hatte, weshalb Natascha keinen Adelstitel, sondern nur den bürgerlichen Namen Scheel trug.

Im Sommer wurde das Frühstück im Hofgarten serviert. Alle tranken Kaffee, nur der Fürst trank Tee aus einer großen vergoldeten Tasse. Obwohl der Krieg manche Opfer forderte, konnte man sich nach wie vor einen französischen Hofkoch leisten, der abends die Speisefolge zu melden hatte. Als er *Potage Parmentier* ankündigte, fragte die alte Fürstin, was das sei, und ihr Gemahl rief: »Kartoffelsupp!«

Der größte Teil des Schlosses war unbewohnt. Weil er in Natascha verliebt war, nutzte M. jede Gelegenheit, sich mit ihr unter brüchigen Wandteppichen, erblindeten Spiegeln und alten Messingbetten in den verlassenen Zimmern zu treffen. Sie zu verführen gelang ihm nicht; denn sie liebte seinen schönen, romantischen Cousin Ingo, der Geige spielte und schon mit siebzehn Jahren ein Motorrad besaß, mit dem er sie in den Ferien abholen konnte.

Drei Jahre später ist M.s Vetter in einer Kurve bei Löwenstein von seiner Maschine gestürzt und verblutet. Die fatale Liebe zu der ernsten Russin wurde M. durch dieses Unglück nicht los; sie hat ihn noch jahrelang verfolgt.

Nichts wie raus hier!

Den Leuten von heute mit ihrer pathologischen Mobilität ist das Gefühl, das M. auf den Nägeln brannte, gar nicht mehr zu erklären; die halten es ja, sofern sie den richtigen Paß in der Tasche haben, für ein Menschenrecht, mindestens einmal im Jahr im Indischen Ozean zu baden. Damals aber fand er sich, nicht anders als später die bedauernswerten Einwohner des Ostblocks, im eigenen Land eingesperrt, zuerst in irgendwelche Vierjahrespläne und später in einen sinnlosen Krieg. An der Grenze, ein paar hundert Kilometer weiter, war Schluß; kein Visum, keine Devisen; er fühlte sich wie im Karzer.

Daß die männlichen Einwohner anfangs wenig dagegen hatten, ihre Uniformen anzuziehen, war kein Wunder; denn nur mit den Stiefeln der Wehrmacht konnten sie ihrer dumpfen Umgebung entrinnen, noch dazu in der Pose von Eroberern. Sie versandten nicht nur Feldpostkarten aus Paris, aus Kopenhagen, aus Athen und Amsterdam. Mit ein wenig Glück konnten sie sogar gute Geschäfte machen und billig eingetauschte Blusen, Parfums, Delikatessen mit nach Hause bringen; erst als sie mit abgefrorenen Zehen aus Rußland heimkamen, ließ ihre Begeisterung nach.

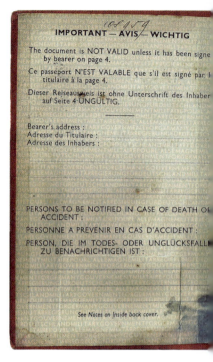

Nach der Befreiung, das heißt nach der Niederlage, wollte M. jedenfalls raus, nichts wie raus. Pässe gab es damals nicht, weil es keinen deutschen Staat mehr gab. Ein *Travel Document in lieu of Passport*, ausgestellt von der Militärregierung, war das höchste denkbare Privileg. Um sich ein solches Papier zu verschaffen, erschien ihm kein Trick zu billig. Von Mr. Tavistock, diesem braven Squadron Leader der Royal Air Force, erschlich er sich eine Einladung, mit der er dieses Dokument aus grüner Pappe erlangte. Was folgte, war ein bizarrer Kleinkrieg um die nötigen Stempel: keine Genehmigung zur Ausreise, bevor

nicht die Einreise- und Transitvisen komplett vorlagen; diese aber wurden nur gewährt, wenn die Erlaubnis zur Ausreise feststand, eine Zwickmühle, die Joseph Heller in dem klassischen Roman *Der IKS-Haken* bis zur Erschöpfung durchgespielt hat.

Dann der Triumph, das Hochgefühl des Ausbrechers, der seine Aufseher düpiert hat. Jenseits der Grenze sah alles anders aus, neuer, verheißungsvoller, als hätte sich in einem stinkenden Zimmer ein Fenster aufgetan.

Auf der Insel der Sieger, die ihr Weltreich verloren hatten

Daß M., in den Augen des Beamten hinter seinem Pult in der düsteren Ankunftshalle von Harwich, mit seinem grünen Lappen als eine Art Paria gelten würde, darauf war er gefaßt. Doch der Hunne wurde zu seinem Erstaunen recht höflich behandelt. Er glaubt sogar, bei den Fragen nach seinem Ziel und seinen Absichten das Wort

Sir vernommen zu haben. Diese Zivilisation war für ihn eine gänzlich neue, geradezu überwältigende Erfahrung.

Sein Gastgeber in Southampton, Mr. Tavistock, hatte freilich mit seiner Offiziersuniform an Glanz verloren, auch in den Augen seiner Frau, die in seinem bescheidenen Dasein als Schreibwarenhändler den Beweis einer Deklassierung zu erkennen glaubte, die nie wiedergutzumachen war. M. fiel hingegen gerade seine zivile Normalität angenehm auf. Den Verlust der schönen Ärmelstreifen an seiner Uniform verschmerzte der Heimgekehrte ohne weiteres. Mit einer Jolle, die er über die Kriegsjahre hinaus gerettet hatte, lud er M. zu einem Ausflug auf die Insel Wight ein, wo am Strand von Osborne House Queen Victoria, mit Hilfe einer diskreten Kutsche ins Wasser gezogen, zu baden pflegte.

Ein Land, das fast spurlos verschwunden ist

Der Anblick der Stadt London war für M. eine Offenbarung. Er war gewohnt, die Großstädte, die er kannte, als provinzielle Trümmerhaufen wahrzunehmen. Hier lag eine imperiale Metropole vor seinen Augen, mit der verglichen Berlin ein schäbiger, freudloser Ort in der preußischen Sandwüste war.

Das, was die Londoner den »Blitz« nannten, die Bombenangriffe der deutschen Luftwaffe, war für ungeübte Augen kaum mehr erkennbar, und erst auf den

zweiten Blick merkte der Besucher, daß in der Hauptstadt durchaus kein Luxus herrschte, sondern eine eigenartige Kargheit. Als hätte der Krieg dem Land keinen Sieg gebracht, war von der Milch bis zum Tabak, vom Obst bis zum Benzin alles streng rationiert. Auch das Geld war knapp. Die Geduld des Landes kam M. geradezu stoisch vor. »*Stiff upper lip*« – das schien die vorherrschende Haltung zu sein.

Christopher, der Sanitätsoffizier von der Radarstation, der ihm sofort eine Bleibe bot, war in sein Haus in St. John's Wood, an der Ecke zur Abbey Road, zurückgekehrt und führte wieder Regie in Covent Garden. Rätselhaft blieb, wie er in jenen Jahren seine alten Gewohnheiten, der herrschenden Knappheit zum Trotz, wiederaufnahm, ebenso lässig wie tadellos gekleidet, großzügig, witzig und scheinbar sorglos. Fulminant war das Frühstück, das in der Küche eingenommen wurde. Im Souterrain gab es nicht nur Tee, auch Muffins, Porridge, Eier, geräucherte Heringe und gebratene Tomaten, eine Mahlzeit, von der man den ganzen Tag über zehren konnte.

Bald mußte M. einsehen, daß auf der Insel eine Reihe von ungeschriebenen Gesetzen galt, die in Deutschland unbekannt waren. Wer sich an einer Bushaltestelle vordrängte, stieß auf Mißbilligung. Auch war es *poor form*, zur falschen Stunde das falsche Getränk zu bestellen. Als M. einmal seine Karriere als Schwarzhändler erwähnte, wechselten die Anwesenden das Thema, als hätten sie nichts gehört. Überhaupt wurde der Gast nie zurechtgewiesen. Nur an den Mienen war abzulesen, daß er gegen die guten Sitten verstoßen hatte. Manchmal kam es ihm vor, als hätte er es mit Gebräuchen zu tun, die so schwer wie chinesische Schriftzeichen zu entziffern waren.

Die *Times*, eine damals führende Zeitung, bot einen höchst merkwürdigen Anblick. Auf der Titelseite fanden sich keinerlei Nachrichten, geschweige denn Schlagzeilen. Stattdessen brüstete sich das Blatt mit Dutzenden von Kleinanzeigen in winziger Perlschrift. Eine Wissenschaft für sich waren die Krawatten, an denen sich ablesen ließ, welches College der Träger besucht hatte oder welchem Club er angehörte. Überhaupt war ein Klassenbewußtsein zu spüren, das M. manisch fand. Sobald jemand den Mund aufmachte, war seine Sprache auf Herkunft, Erziehung und Status hin genauestens analysiert. Im Vergleich dazu machte die deutsche Gesellschaft den Eindruck, als sei sie durch einen riesigen Fleischwolf gedreht worden. M.

stellte fest, daß er in einer Gegend gelandet war, die nicht weniger exotisch auf ihn wirkte als Papua-Neuguinea.

Wer heute das Vereinigte Königreich betritt, wird allerdings nur noch dann und wann kleine Spuren von jenem *Old England* vorfinden. M. findet die Verluste, die in so kurzer Zeit eingetreten sind, in mancher Hinsicht beklagenswert.

Ein Mißverständnis und seine Folgen

Wenn man mit einem Stock in einem Ameisenhaufen wühlt, kann man zusehen, wie die ganze Kolonie emsig in Bewegung gerät und versucht, den Schaden notdürftig zu reparieren. Ein solcher Vergleich hinkt natürlich, weil es im westlichen Deutschland die Bewohner selbst waren, die den Knüppel in der Hand hatten. Dennoch machten sie sich mit ähnlichem Fleiß an die Arbeit. Die Eile, die sie an den Tag legten, hatte auch ihr Gutes. Für das Überflüssige hatten sie keine Zeit übrig.

Der Tourismus hielt sich in Grenzen, Staus waren unbekannt, die Autobahnen leer und die Briefkästen noch nicht mit Reklamesendungen zugestopft. Dazu fehlte es an Papier. M. wunderte sich, als ihn eines Tages eine Botschaft auf Büttenpapier erreichte. Der unbekannte Absender lud ihn zu einem Besuch am Schliersee ein und bot an, ihm einen Wagen zu senden, der ihn abholen und zu der angegebenen Adresse bringen würde.

Einen solchen Vorschlag konnte er sich nicht erklären. Woher hatte der Briefschreiber ein privates Auto? Warum sollte sich jemand die Mühe machen, einen x-beliebigen Gymnasiasten in sein Haus am weit entfernten Alpenrand einzuladen?

Allein schon weil er wissen wollte, was hinter diesem Angebot steckte, konnte M. nicht widerstehen. Tatsächlich fuhr kurz darauf vor dem schäbigen Haus am Entengraben ein olivgrüner Cadillac vor. Der Corporal am Steuer sprach nicht deutsch. Er wunderte sich, daß der Passagier nur ein kleines Bündel mitführte, hielt eine erloschene Pfeife zwischen den Zähnen und stellte das Radio an: »*This is AFN, the American Forces Network, Serving You in Europe.*«

Der Chauffeur brachte M. zu einem stattlichen Landhaus hoch über dem See, wo ihn zwei Herren in der Bibliothek empfingen. Ein Feuer brannte im Kamin. Es gab Tee, Gurkensandwiches und *small talk*. Bald wandte sich die Unterhaltung literarischen Themen zu. Der blonde Gastgeber stellte seinen deutschen Freund vor, einen kleinwüchsigen dunklen Mann, den er als Übersetzer von Baudelaire pries. M. begriff immer noch nicht, wie die beiden auf ihn gekommen waren. Erst nach dem Abendessen nahm das Gespräch eine verfängliche Wendung.

Es stellte sich heraus, daß der Hausherr, ein amerikanischer Offizier im Dienste der Militärregierung, einer Verwechslung aufgesessen war. Sein Name hörte sich dänisch an. Das mochte seinen englischen Akzent erklären, der nasal und etwas affektiert klang. Seine Aufgabe war die Briefzensur. In dieser Position war er auf einen zärtli-

172

chen Brief gestoßen, den M. an ein junges Mädchen namens Kai gerichtet hatte. So heißen aber im Norden meist nur Männer.

Erst als man ihm das einzige Schlafzimmer des Hauses zeigte, das mit buntgemusterten Chintzdecken und silbernen Kerzenleuchtern an ein Boudoir erinnerte, ging M. ein Licht auf. Stotternd blieb er an der Tür stehen. Die Gastgeber lachten, als sie einsahen, daß sie einem Mißverständnis erlegen waren, und ließen ihn fortan in Ruhe. Der Abend verlief in heiterer Stimmung. Alle saßen bis in die späte Nacht bei einem Grog aus altem Jamaika-Rum.

Übrigens hatte die Begegnung mit dem Zensor für M. noch überraschende Folgen. Er glaubt sich zu erinnern, daß der Major von Bertouch hieß und daß er es war, der ihm die Einladung zu einer Jugendkundgebung im Sommer 1947 verschaffte, bei der zum ersten Mal nach dem Krieg Schriftsteller aus Frankreich, Italien und den Niederlanden nach Deutschland kamen. Der berühmteste Redner war André Gide. Er glaube an den Wert der kleinen Zahl, rief er der Menge zu; die Freude sei unter den Ruinen das wichtigste.

Die Pleite eines Zigarettenmillionärs

Über Nacht wurden die Reichsmark-Besitzer arm, und bei den Armen blieb es wie immer. Dieses Wunder trug sich am 21. Juni 1948, einem Montag, zu. Wie die meisten Mirakel war es sorgfältig vorbereitet worden. Die Umverteilung geschah unter konspirativen Bedingungen. In der sogenannten Trizone, dem westlichen Deutschland, waren amerikanische Flugzeuge gelandet, die einige Tonnen von druckfrischen Banknoten geladen hatten. Sie trugen die Bezeichnung »Deutsche Mark«, doch wer sie ausgegeben hatte, war nicht ersichtlich, denn der Name einer Notenbank fehlte. Die neuen Scheine sahen wie ungeschickte, grelle Fälschungen von Dollarnoten aus.

Aber sie wirkten augenblicklich wie durch Zauberei. Leere Schaufester füllten sich von einem Tag auf den andern mit Waren. Händler holten Lebensmittel und Schuhe aus ihren Verstecken. Die Bäuerinnen boten freiwillig Obst und Gemüse feil. Nur daß niemand Geld genug hatte, um ihnen viel abzukaufen. Denn nun war nicht mehr das Angebot knapp, sondern die neue Mark. Vor den Ämtern standen die Leute Schlange, um ihr »Kopfgeld« abzuholen, das sich auf 40 DM belief. Die alte Reichsmark war nichts mehr wert. Von einem alten Hunderter blieben am Ende höchstens 6,50 der neuen Währung übrig. Nur wer Grundstücke oder Aktien besaß, dem konnte die Reform nichts anhaben.

Die Militärregierung hatte den Schwarzen Markt mit einem Schlag hinweggefegt. M.s Zigarettenreichtum hatte

174

sich zwar nicht in Luft aufgelöst, aber er bot nur noch einen matten Abglanz früherer Tage.

Seit seiner Kindheit war das Aroma der Alltäglichkeit in Vergessenheit geraten. Nun kehrte der Duft der Lehrerzimmer und der Stundenpläne, der Bleistiftspitzer und der Leitz-Ordner zurück. Die kleine Anarchie der Nachkriegszeit hatte ein Ende. Das Wort *Friedensware* machte die Runde. Seine erste Insolvenz nahm M. gleichmütig hin. Auch die Wonnen der Gewöhnlichkeit hatten ihre Vorzüge.

Geckenhafte Jünglinge

Die Züge fuhren wieder in die nächste Großstadt. Die größten Trümmerhaufen auf den Straßen waren geräumt, die Dächer notdürftig geflickt, die Schulen geheizt, und der fast vergessene Unterricht wurde im alten Trott wiederaufgenommen. Den Beweis dafür kann M. vorlegen. Er besitzt ein vergilbtes Dokument mit der Überschrift »Reifezeugnis«, das ungeachtet der Wichtigkeit, die ihm vor Jahrzehnten beigemessen wurde, später niemanden mehr interessierte.

Das Abitur, zu deutsch der bevorstehende Abgang, fiel M. leicht. Demonstrativ breitete er, wie manche seiner Mitschüler, seine Sonnenbrille und eine Packung *Lucky Strike* vor sich auf der Schulbank aus. Auch ein Döschen mit der Aufschrift »Pervitin« machte Eindruck auf die Mitschüler. Niemand wußte, daß es Methamphetamin enthielt, eine Droge, die massenhaft an die Soldaten der Wehrmacht verteilt worden war, um die Landser aufzuputschen.

Bei diesem Imponiergehabe ging es nur darum, sich lässig zu zeigen. Selbst die wenigen, denen schwante, daß sie durchfallen würden, suchten nach der Prüfung, einen amerikanischen Schlager pfeifend, ungerührt die nächste Eisdiele auf.

Das Wort *Arbeitsmarkt* kam im Jahr 1949 keinem über die Lippen. Es waren so viele dreißigjährige Männer in Rußland gefallen, oder sie saßen in den Lagern der Alliierten gefangen, daß sich die Jüngeren ihre Beschäftigung aussuchen konnten.«

Als wäre in den letzten Jahrzehnten nichts Gravierendes passiert, brütete die Julisonne über der alten Reichsstadt im Ries.

Die ersten zivilen Feldzüge

Sogleich nach dem Währungsschnitt erhob die Reklame ihr Medusenhaupt. An den Mauern, wo bislang Parolen und Befehle vorgeherrscht hatten – »Deutschland siegt an allen Fronten für Europa« oder »Proklamation Nr 1 des Alliierten Kontrollrats an das deutsche Volk« –, hingen auf einmal ganz andere Botschaften:

»Hans Albers singt *Und über uns der Himmel*«. – »An Zucker sparen, grundverkehrt! Der Körper braucht ihn. Zucker nährt!« – »Vorwärts! Aufwärts! Der Erfolg der CDU«. – »Es gibt wieder Sunlicht-Seife, das kernige Stück, nur 50 Pfennig.« – »Meine Wahl … Josetti Real.« – »Nur das Beste … Ja, aber billiger und für alle.« – »Fewa hält die Wohnung rein.« – »Fox Blended Virginia, mild und süß.«

Wie harmlos sich die Reklame damals gab! Keine Rede vom amerikanischen Oligopol der schnüffelnden Datenhändler. M. kann aus erster Hand von ihren naiven

Anfängen berichten. Eines Tages erschienen in der fränkischen Kleinstadt zwei Gestalten, die eine Trittleiter und einen Eimer mit weißer Farbe mitbrachten, und postierten sich vor den Schaufenstern des Metzgers und des Friseurs. Den arglosen Inhabern erklärten sie, welche ungeahnten Möglichkeiten ihnen die neue Zeit eröffnete. Die beiden Künstler erinnerten M. an Pat und Patachon, die berühmten Stummfilmkomiker. Der lange Lulatsch verstand sich auf die Malerei, der rundliche Patachon auf die Poesie. Sogar der Reim war ihm nicht fremd.

Nach getaner Arbeit strahlte an der Fassade des Frisiersalons in flottem Strich der unvergeßliche Spruch: »Die sich pflegen, sind andern überlegen.«

Auch eine Rückkehr zur Normalität

Von einem Wirtschaftswunder konnte noch lange nicht die Rede sein. Aber zumindest wurde überall zusammengestoppelt, was zusammengehörte. Auf Handzetteln und Anschlägen wurde nach verschwundenen Geschwistern und verschollenen Vätern gefragt. Das Rote Kreuz und der Internationale Suchdienst in Arolsen bemühen sich, nach Verschleppten, Flüchtlingen und Gefangenen zu fahnden.

Auch M.s Clan strebte danach, der milden Verbannung ins Provinznest zu entkommen. Sein Vater nutzte alle Verbindungen der Post, die nur diesen nackten Namen trug, seitdem das Reich sich über Nacht verabschiedet hatte, um die Bombenschäden an seiner »Dienstwohnung« zu beheben. Sogar Handwerker gab es wieder, einen Berufsstand, der jahrelang wie ausgestorben schien.

Monatelang wurde getüncht, gespachtelt, gebohrt und gehämmert. Leitungen mußten verlegt, Rohre erneuert, Vorhänge aufgehängt werden, bis der Stand von 1939 wieder erreicht war.

Auf diese Weise kam es zu zahllosen kleinen Wiedervereinigungen. Nicht alle verliefen so zufriedenstellend wie bei M., seinen Eltern und Geschwistern. Andere blieben, wie der Heimkehrer aus Wolfgang Borcherts Drama, *»draußen vor der Tür«*. Rückwanderer, entlassene Soldaten, *Displaced Persons* und untergetauchte Kriegsverbrecher trugen ein Jahrzehnt lang Wohnkämpfe mit Behörden und Hausbesitzern aus.

M. packte seine Bücher und ein paar Klamotten zusammen und war froh, das ungeliebte Kaff mit einer Stadt zu vertauschen, die zwar schwer beschädigt, aber belebt war. Kleine, schmalspurige Stichbahnen zogen durch die Ruinen, Frauen mit Kopftüchern und Männer in umgefärbten Uniformen schaufelten Backsteine und Mauerreste in die Loren, bewacht von selbsternannten Ordnern. Ab und zu zeigte sich ein Militärpolizist mit seiner Maschinenpistole.

Eine gefühlvolle Rückkehr war das nicht. Das oft beschworene Heimweh war M. immer fremd gewesen. Heimweh wonach? Etwa nach der Stadt der Reichsparteitage? Nach der Villa des Großvaters? Nach irgendeinem möblierten Zimmer, in dem es nur einen Stuhl gab, ein Bett und einen Waschtisch, oder nach einer engen Pariser

Mansarde? Seinen Vergangenheiten, denen er entronnen war, trauerte er nicht nach.

Sehnsüchte hatten mit Immobilien nichts zu tun. Allenfalls entsann er sich gern einer Gipsmadonna im Garten, einer besonders verlockenden Bäckerei oder vielleicht einer bestimmten kleinen Wolke, die weiß mit Goldrand im Gegenlicht an einem Sommerabend über den Zaun zog.

Unerwünschte Wohltaten

Eindrucksvoll und schwer zu verstehen war die Unbestechlichkeit seines Vaters. Die üblichen mit dem Kapitalismus verbundenen Verhaltensformen sind einfach an ihm abgeglitten. Unvergeßlich blieb M. eine Episode aus den ersten Nachkriegsjahren, bei der sich diese Eigenheit in aller Schärfe zeigte.

Damals, es mag um das Jahr 1946 gewesen sein, war es nicht leicht, eine sechsköpfige Familie zu ernähren. Es waren Zeiten der rigorosen Rationierung. Alles war knapp. Nicht nur für ein Paar Schuhe war ein schwer zu erlangender Bezugsschein nötig, auch für ein halbes Pfund Butter mußte beim Krämer eine Lebensmittelmarke abgetrennt werden.

Da fuhr eines Tages vor dem Haus der Familie ein Lastwagen vor. Zwei Männer stiegen aus, holten von der Ladefläche einen nagelneuen Kühlschrank und ein paar große Körbe herunter und schleppten sie die Treppe hoch. M.s Mutter öffnete den beiden Packern, fassungslos über das, was sie mitbrachten. Die beiden Geschenkkörbe boten ein paradiesisches Bild: »echter Bohnenkaffee« in Dosen, Flaschen mit vielversprechenden Etiketten, unbekannte Delikatessen, glänzende Pralinenpackungen und manches andere für den neuen Kühlschrank, der in die Küche gewuchtet wurde.

Leider erfuhr dieses idyllische Bild eine plötzliche Störung, als M.s Vater nach getaner Arbeit heimkehrte und fragte, was in seinem Haus vorging. Er weigerte sich, den Empfang der Gaben zu quittieren, und wies die beiden kräftigen Boten an, alles, was sie geliefert hatten, sofort zu entfernen. Die Mutter war bestürzt, die Kinder heulten auf.

Erst mit der Zeit begriff M., wie es zu diesem mysteriösen Vorfall gekommen war. Sein Vater verfügte ungeachtet seiner bescheidenen Position in der Oberpostdirektion über ein millionenschweres Budget zum Wiederaufbau der beschädigten Infrastruktur. Er hatte beträchtliche Aufträge an die wichtigsten Industriekonzerne zu vergeben. Daß sich die betreffenden Firmen erkenntlich zeigen wollten, war normal. Nur M.s Vater wollte von dieser Praxis nichts wissen.

Unangemeldete Tischgenossen

M.s Mutter hieß jeden Gast, den ihre Kinder mitbrachten, willkommen. Schulfreunde, kleine oder große Mädchen, Kumpane und obdachlose Reisende wurden gefüttert und mit Handtüchern versehen, auch dann, wenn sie einen welschen, nördlichen oder orientalischen Dialekt sprachen.

Manche dieser Gäste hat M. nie wieder vergessen. Einer, der ihm ein wenig Lebensart beibrachte, kam aus der Auvergne. Er verstand etwas von gutem Essen, sah sich als *artiste* und kannte sich in Paris aus. Er hieß Roger Pillaudin und wurde zu einem lebenslangen Freund. Auch Christian brachte Kumpane und Geliebte mit. An Weihnachten kam er mit einem kräftigen jungen Syrer an, einem Meisterschwimmer, dessen weißes Neonhemd im Kerzenschein leuchtete. Unter dem Rauschgoldengel am Christbaum wurden dem Gast Nürnberger Elisenlebkuchen gereicht. Sie schmeckten ihm, doch sagte er, es gebe etwas, was noch süßer sei. Niemand verstand das arabische Wort, mit dem er es lobte. M.s Mutter versuchte es mit Butterzeug und Nußhäufchen, Mandelhörnchen und Honig, aber er lachte und schüttelte immer nur den Kopf.

Nachweis der Gelegenheit zur Eingehung einer Ehe nach § 656 BGB

M.s Vater nahm solche überraschenden Invasionen mit stoischer Geduld hin. Schwerer fiel es ihm, sich für die Erörterungen der weitverzweigten Verwandtschaft zu interessieren und deren Anhänglichkeit zu erwidern.

Die Brüder benahmen sich nicht immer tadellos. Großonkel, Tanten, Kusinen wurden streng danach klassifiziert, wie langweilig sie waren. Vom Kleinsten bis zum Ältesten ergriffen sie jedesmal die Flucht, sobald Tante Hannis Ankunft bevorstand. Die rundliche, muntere Witwe eines Onkels, der schon früh im Rußlandfeldzug gefallen war, hatte einen Beruf ergriffen, von dem sie noch nie gehört hatten. Zusammen mit ihrem zweiten Mann, der den unwahrscheinlichen Namen Fridolin Goldammer trug, hatte sie eine florierende Heiratsvermittlung gegründet, an deren Geheimnissen sie die Familie gern teilnehmen ließ.

Kichernd versteckten sich die Buben, die der lange Kaffeeklatsch anödete, in der Küche und machten sich über den vollbusigen Besuch lustig. Sie begriffen nicht, daß das christliche Schadchen seine schwer errungenen Erfolge einzig und allein der unaufhaltsamen Suada verdankte, die sie fürchteten. Auch ahnten sie nichts von der Hingabe und von der Schlauheit der tapferen Kupplerin, die ihre Kenntnisse erwarb, indem sie ins volle Leben griff.

M. hätte von ihr, wie aus manchem Lore-Roman, viel über das menschliche Paarungsverhalten erfahren können, von dem er weniger verstand als die Tante Hanni.

185

Aus einer Familienchronik

Eines Tages fiel M. in der Wohnung seiner Eltern ein in Kunstleder gebundener dicker Band in die Hände, auf dem in goldenen Lettern der Titel *Lebensbuch unserer Familie* stand. Solche Dokumente finden sich heutzutage meist nur noch auf dem Flohmarkt, dort, wo Ansichtskarten und Photoalben von unbekannten Personen angeboten werden, die das Zeitliche gesegnet haben. Früher aber war es in einem bürgerlichen Haushalt gang und gäbe, handschriftliche Mementos dieser Art aufzubewahren.

Was M. vorfand, sprengte diesen Rahmen. Das Manuskript des unfaßbaren Großvaters war sehr umfangreich und in schwer lesbarer, enger Tintenschrift in einem Zeitraum von 1901 bis 1961 abgefaßt. Wer weiß, was ein Graphologe aus den spinnendünnen Zügen dieser Hand, aus ihren ausufernden Verzierungen und heftigen Unterstreichungen alles herausgelesen hätte. Wenn die Zeit knapp war, verfiel der Schreiber in eine Art Stenographie, von der M. nur der Name Gabelsberger in Erinnerung geblieben ist. Mit zunehmendem Alter wurde seine Schrift immer zittriger, bis die letzten Seiten nicht mehr zu entziffern waren.

Niemandem fiel es ein, zu bestreiten, daß der Großvater ein ausgemachter Egoist war. Aber zugleich kümmerte er sich als Patriarch doch um seine sechs Kinder. Sind sie alle versorgt? Muß ich mir Sorgen machen? Wie steht es mit ihrer Gesundheit? Haben sie eine »gesicherte Position«?

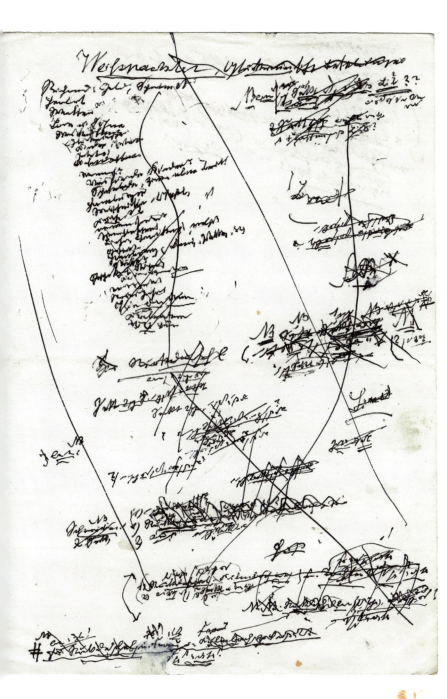

Doch handelt dieses lederne Geschichtsbuch nicht nur von den Wechselfällen eines weitverzweigten Clans. Auch die Nationalgeschichte wird mit Dokumenten aller Art berücksichtigt, allerdings nur, soweit sie den Verfasser direkt betraf.

Unter den verschiedenen Text- und Bildsorten finden sich Zeugnisse, Ahnentafeln, eingeklebte Notgeldscheine und Lebensmittelmarken, Zeitungsausschnitte, Reklame-Etiketten, Rezensionen, Todesanzeigen, Gutachten, Ernennungsurkunden und Horoskope. Auch mit selbstgemalten Federzeichnungen und bunten Aquarellgemälden hat der Verfasser nicht gespart.

Kartoffel-Einkaufsmarke
zum Einkauf von **28 Pfund** Kartoffel
in der Zeit vom 30. Okt. bis 26. Nov. 1916.

Eine große Rolle spielten die Feste, zu denen Kinder- und Enkelscharen einberufen wurden. Der Anlaß war sekundär. Gleichgültig, ob es sich um einen Geburtstag, ein Jubiläum oder um den Weihnachtsabend handelte, in jedem Fall wurde im Album ein Programm festgehalten, das den gewünschten Ablauf festlegte. Als letzter Punkt trug der Großvater den lakonischen Satz ein: »Die Kinder freuen sich.«

Lose Beilagen vermehren das Durcheinander: ein amtliches Glückwunschtelegramm, ein Theaterzettel, das Hochzeitsphoto eines unbekannten Paares oder die Visitenkarte eines Professors mit einem Gruß vom Esperanto-Kongreß.

Den größten Raum nehmen natürlich die Befindlichkeiten des Großvaters und seine Erfolge ein.

19 ⹐ 33

Ein »Deutscher Knabenwunsch« von 1914, der gegen ein Honorar von fünf Mark in der *Frankfurter Zeitung* veröffentlicht wurde, äußert sich in den ersten Zeilen wie folgt:

»Daß ich Soldat jetzt wäre!
Wie schlüge stolz mein Herz!
Ich stritt für Deutschlands Ehre
am Rhein und allerwärts.«

Zwei Jahre lang stand jedoch ein anderer Wunsch im Vordergrund. Der Großvater war ein guter Esser. Ihm fiel auf, daß »die Entwicklung der Nahrungsmittelversorgung zu einer Knappheit führte, die schon fast an eine organisierte Hungersnot gemahnte«. Seine Kriegsbegeisterung ließ nach, je kleiner die Rationen ausfielen.

Ähnlich enttäuschend verlief für ihn das Dritte Reich. Am Beginn der Chronik des Jahres 1933 steht eine strahlend aufgehende Sonne, auf deren gelbem Ball ein Hakenkreuz glänzt. Diese Handzeichnung besagt vermutlich, daß der Großvater dachte, A. Hitler würde der Arbeitslosigkeit seiner vier Söhne ein Ende machen.

Aber genau wie in der Zeit des Ersten Weltkriegs wich seine Begeisterung bald dem Desinteresse und das Desinteresse dem Mißmut, vor allem, als im Krieg die Lebensmittel knapp wurden. Die politische Stimmung hing bei ihm ganz davon ab, was auf den Tisch kam. Der Partei ist er nie beigetreten; nur im Reichsbund der Kinderreichen hat er es zu einem bescheidenen Amt gebracht. Als das »Gesetz zum Schutze des deutschen Blutes und der deutschen Ehre« verkündet wurde, warf er die Frage auf, ob sein Familienname »auf nicht-arische Herkunft« deute, und stellte akribische Forschungen an, um solchen »haltlosen wie böswilligen Verdächtigungen ein für allemal die Spitze abzubrechen«.

Auch dort, wo er log, legte er ein imponierendes Selbstbewußtsein an den Tag. So erfand er kurzerhand ein Familienwappen, von dem er behauptete, es sei anno 1519 von Kaiser Maximilian verliehen worden. Auch das »Tänzelfest«, das die kleine Stadt, in der er zur Welt gekommen war, bis heute in jedem Sommer feiert, datierte er als Heimatforscher zurück auf das sechzehnte Jahrhundert.

M. mußte einsehen, daß im *Lebensbuch* eine Art Ehrlichkeit zweiten Grades herrschte, die über die gewöhnliche Lebenslüge weit hinausging. Was dort die Feder führte, war das Unbewußte, das selten ein Blatt vor den Mund nimmt. Daher wurde auch der einundsiebzigjährige Ehekrieg der Großeltern nicht beschönigt, sondern ausführlich beschrieben. Von den unvermeidlichen Peinlichkeiten sah der Chronist nur dann ab, wenn goldene, diamantene und eiserne Hochzeiten

anstanden; aus diesen Anlässen wurde immer pünktlich und ungerührt gefeiert. Ohne ihre Reibungsenergie wären M.s Großeltern nicht ausgekommen. Sie blieben bis zu ihrem Tode unzertrennlich.

Für M., der das handgeschriebene *Lebensbuch* voller Neugier und Widerwillen studierte, kam erschwerend hinzu, daß der talentierte Oberstudienrat Maul und Tinte nicht halten konnte. Er verfaßte unentwegt Balladen, Rezensionen, Theaterstücke, Schelmenchroniken und Weihespiele.

Der Frage nach seinen Ähnlichkeiten mit dem Großvater ist M. lange ausgewichen. Erst heute gibt er, wenn man ihn fragt, widerstrebend zu, daß er auch von diesem bizarren Vorfahren den einen oder anderen Zug geerbt hat.

Abenteuer eines gutmütigen Onkels

In keiner großen Verwandtschaft darf es an einem Arzt fehlen. Den gab es auch in M.s Familie. Er nahm sogar die Rolle eines idealen Landarztes ein. Leider war er schon vor dem Krieg ins ferne Hamburg gezogen. In einem nördlichen Vorort brachte er als Geburtshelfer Kinder zur Welt, machte Tag und Nacht Hausbesuche und wurde von seinen Patienten verehrt. Seine etwas herbe Frau Helene mit dem Pferdegebiß, die ebenfalls Medizinerin war, gebar ihm drei Söhne, unter denen auch der schöne Ingo war.

Den Onkel Richard hielten alle für einen tüchtigen, harmlosen Gemütsmenschen. Seinen Taufnamen hatte er vom Großvater geerbt, der stolz auf ihn und auf seinen Doktortitel war. Allerdings konnte er den Frauen, die ihm zur Hand gingen, nicht widerstehen. Diese Neigung führte zu abenteuerlichen Verwicklungen. In seiner Praxis gab es jüngere Damen, die damals noch nicht MTA, sondern Arzthelferinnen hießen, aber gern geheiratet werden wollten. Richard trat willig mit ihnen vor das Standesamt, wandte sich aber bald der nächsten seiner Assistentinnen zu, ließ sich scheiden und verschwand mit der Neuen an einen unbekannten Ort. Erst nach Monaten stellte sich heraus, daß er vor seinen Gattinnen in die DDR geflohen war, die damals noch im Westen unter der Bezeichnung *Ostzone* firmierte. Allgemeines Kopfschütteln. Wo Großfriesen lag, der Ort, an dem er hauste, wußte niemand.

Ein angesehener Mediziner war für die Sozialistische Einheitspartei eine hochwillkommene Beute. Sogleich

wurde er zum Chefarzt und Sanitätsrat ernannt. Neue Scheidung, neue Heirat. M. besuchte ihn an seinem Zufluchtsort im Vogtland. Dort hielt man an allerhand alten Gebräuchen fest. Als einer seiner Patienten verstarb, wurde er auf einen hohen Tisch gebahrt, dessen Füße mit Fett eingeschmiert waren, um die Ratten vom Leichnam abzuhalten. Ein paar Tage später wurde M. Zeuge, wie die Bauern mit Lautsprechern auf dem Feld beschallt und nach ihrer Kapitulation vor den Parteifunktionären zwangsweise in Kolchosen eingemeindet wurden.

Später wurde es dem Onkel im Arbeiter- und Bauernstaat zu dumm, und sobald er das Pensionsalter erreicht hatte, ist er mit seiner neuesten Frau reumütig in den Allgäuer Schoß der Familie zurückgekehrt.

Berufsberatung

Eines Tages, nachdem man M. das Abiturzeugnis in die Hand gedrückt hatte, wollte sein Vater ihm das verschaffen, was er eine Position nannte.

Ein Bekannter aus alten Studententagen, mit dem er sich ab und zu im Café traf, bot ihm an, seinen Sohn in einer Bank »unterzubringen«. M. glaubt sich zu erinnern, daß dieser hilfsbereite Herr den schönen Namen Dr. Glück trug. Er hatte nicht bloß ein gewöhnliches Praktikum in einer Sparkassenfiliale zu bieten. Sein Einfluß bei der Großbank erlaube ihm, Nachwuchskräfte auf höherer Ebene zu rekrutieren. Man sei gegebenenfalls sogar bereit, einem Kandidaten mit guten Zeugnissen das Studium der Betriebswirtschaft zu finanzieren.

M. hat damals kaum gewußt, wie eine Bank von innen aussieht. Schon um sich ein Bild davon zu machen, was Dr. Glück dort trieb, war er durchaus geneigt, sich bei ihm vorzustellen. Man führte ihn in ein mit dunklen Holzpaneelen getäfeltes Zimmer, in dem es nach Zigarrenrauch roch, und ließ ihn in einem schweren Klubsessel Platz nehmen, in dem er fast versunken wäre. Traurig stimmten ihn allerdings die gepolsterten, mit goldenen Nägeln versehenen Doppeltüren, die jedes Lebenszeichen der Außenwelt von der Direktion fernhielten. Auch gefiel ihm der Geruch nicht, der wie ein unbekanntes Hormon über dem massiven Schreibtisch schwebte.

Sicher hätte es seinen Vater beruhigt, wenn er die Chance wahrgenommen hätte, die ihm geboten wurde. Doch dazu konnte er sich nicht durchringen. Bei der Vorstellung, dreißig oder vierzig Jahre lang in einem solchen Büro zu sitzen, fürchtete er zu ersticken.

Draußen an der kühlen Herbstluft war ihm schon wieder wohler zumute. Unter den Blicken verwunderter Passanten führte er einen Tanz der Erleichterung auf. An diesem halben Stündchen in der Bank ist eine aussichtsreiche Karriere gescheitert.

Exil-Phantasien

M. war immer noch unzufrieden. Während die zerschmetterten Städte rasch wiederaufgebaut wurden, blieb der moralische Trümmerhaufen liegen. Seine dilettantischen Versuche, aufzuräumen, führten in ein weiteres Dilemma; denn es war kaum möglich zu entscheiden, wo Haß und Wut auf die Täter aufhörten und wo die Selbstgerechtigkeit anfing. M. war auf dem besten Wege, ein hoffnungsloser Deutschland-Neurotiker zu werden, einer von denen, die sich dazu berufen glauben, die eigene Nation Mores zu lehren. Als er endlich einsah, daß es kein

Beruf ist, Deutscher zu sein, zog er fort und hielt sich längere Zeit unter anderen Leuten auf. Diese Flucht, wenn es eine war, erwies sich als heilsam.

Allerdings traute er dem *historical luck* nicht über den Weg. Obwohl nicht der geringste Grund dafür bestand, vertiefte er sich in die Lebensläufe derer, die, als er noch auf seiner hölzernen Ente schaukelte, in Lebensgefahr geraten waren. Wer nicht rechtzeitig kommen sah, was in Deutschland bevorstand, mußte früher oder später zum Mitläufer oder zum Täter werden, es sei denn, man hätte ihn vertrieben, eingesperrt oder umgebracht.

M. malte sich aus, wie er sich in einer solchen Situation verhalten hätte. Beizeiten auszuwandern, das wäre wohl noch die beste Lösung gewesen. Aber wie hatten sich die Exilanten der dreißiger und vierziger Jahre in New York, in Buenos Aires oder Schanghai durchgeschlagen?

Wenn er wenigstens einen handfesten Beruf wie Schreiner oder Klempner erlernt hätte! Aber nein, so etwas war in den ersten Semestern an der Universität nicht vorgesehen. M. verfiel auf die Idee, er könnte doch ein kleines Reisebüro in Chile oder in Norwegen aufmachen, um sich im Notfall über Wasser zu halten. Mit Karten, Flugplänen und Kursbüchern kannte er sich aus. Er müßte nur noch ein wenig Spanisch oder Norwegisch lernen.

An solchen Phantasien hielt M. so lange fest, bis ihm eines Tages beim Blick in den Rasierspiegel auffiel, daß er keine siebzehn mehr war, daß niemand daran dachte, ihn in ein Lager zu sperren und daß er besser daran täte, sich mit einem normalen Dasein abzufinden und dort zu bleiben, wo er war.

Eine friedliche Mobilmachung

Auch M.s Vater hielt es nicht jeden Tag an seinem Arbeitsplatz und in seiner Dienstwohnung aus. Da er nie einen Führerschein erworben hatte, war er auf die Bahn angewiesen. Seine Neigung zu diesem Verkehrsmittel reichte bis in die Zeit der Weimarer Republik zurück. Unerschüttert durch Diktatur und Krieg, trachtete er danach, jede interessante, unbekannte Strecke wenigstens einmal im Leben in Augenschein zu nehmen.

Dazu eigneten sich nach dem Krieg besonders die von katholischer Seite angebotenen Pilgerreisen. Vielleicht wußte er, daß auch sein Vater Josef einst an kleinen Wallfahrten teilgenommen hatte. Auf solche Ausflüge war er gut vorbereitet. Um in den kargen Unterkünften wenigstens ein paar Handtücher aufzuhängen, nahm er stets Hammer und Nägel mit; auch fand er hinter dem einen oder anderen Seitenaltar eine Steckdose, aus der er seinen elektrischen Rasierapparat mit Strom versorgen konnte.

Die Pilgerreisen waren preiswert und führten an Orte, die beiden etwas zu bieten hatten: M.s Mutter eine einwandfreie Abwechslung vom häuslichen Dasein, dem Vater eine Fülle von exotischen Lokomotiven, Signalsystemen, Stellwerken und Fahrplänen, die ihn über die Marienerscheinungen von Fátima, die römischen Generalaudienzen und die Heilungswunder von Lourdes hinwegtrösteten.

Auf diese Weise nahmen auch M.s Eltern am Ausschwärmen der Bewohner Westdeutschlands in ferne Urlaubsgegenden teil.

Was heißt und zu welchem Ende studiert man Geschichte?

Es war höchste Zeit, endlich auszuziehen. Allzulang hatte M. sich's im Elternhaus bequem gemacht. Selber einzukaufen, sich um die Wäsche zu kümmern, sein eigenes Essen zuzubereiten, das war ihm lange nicht eingefallen. Aber wohin? In einem Büro anzuheuern oder Geld in einer Fabrik zu verdienen, dazu hatte er keine Lust; ein paar Wochen reichten, um mit der Akkordarbeit Bekanntschaft zu machen. In einer Firma, die Feuerzeuge herstellte, saßen Frauen am Montageband, die sich über seine Langsamkeit lustig machten. Gutmütig verhalfen sie ihm zu Finten, wie man die Aufseher hinters Licht führte.

Er nahm sich vor, die nächsten paar Jahre statt in einer Leichtlohngruppe mit seinen Liebhabereien zu verbringen, unbekannte Städte zu besuchen und möglichst ungestört alles zu lesen, was ihm in die Hand fiel. Hätte er dieses Programm an die große Glocke gehängt, so wäre er vermutlich für verrückt erklärt worden.

Es gab jedoch eine allgemein akzeptierte Möglichkeit, sich derart luxuriöse Wünsche zu erfüllen. Dazu war ja die Universität da! Dort war es damals noch üblich, sich beliebige Vorlesungen und Seminare *à la carte* auszusuchen. Fest verordnete Studiengänge, Multiple-choice-Abfragen und Zwischenprüfungen gab es nicht. Unabhängig von Haupt- und Nebenfach belegte man die Fächer, auf die man Lust hatte, zahlte Hörgelder, wilderte in allen möglichen Wissenschaften und erfreute sich als »Kommilitone« der geschenkten Jahre.

Das war teuer. Den meisten fehlte es an Geld. Wer arme Eltern hatte und kein Stipendium bekam, hatte schlechte Karten. Andererseits trieben sich die »oberen Zehntausend« nicht unbedingt auf den Hochschulen herum, und ihre Sprößlinge fuhren nicht, wie heute, mit dem Porsche vor, während die anderen um einen Sitzplatz in der S-Bahn kämpften.

Die Universität E. war klein und ein wenig muffig. Viele Professoren, deren Namen vergessen sind, konnten wie Heinz Otto Burger das Odeur des Dritten Reiches nicht verleugnen, das ihnen anhaftete. Gewisse andere sind, wie Hans Schwerte alias Hans Ernst Schneider, durch ihre Anpassungsgabe notorisch geworden. M. interessierte sich für ihre Lebensläufe und spürte in alten Jahrgängen den Aufsätzen nach, die sie einst veröffentlicht hatten.

Faute de mieux ist er in dieser Atmosphäre zum Intellektuellen geworden.

Studium universale en miniature

Mitten in Mittelfranken wehte durch die kleine Universitätsstadt ein Hauch von preußischem Protestantentum. Im Schloß, einem Kasten, der so rechtwinklig ist wie das Straßennetz, saß das Rektorat. Nur ein einziges Gebäude wich vom nüchternen Zopfstil ab: das barocke Markgrafentheater, ein ziemlich baufälliges Haus mit Fürstenloge, Baldachin und drei Rängen, das die meiste

Zeit leer stand. Quadratisch und praktisch ist es dort nie zugegangen. Von manchen Plätzen aus war die Bühne kaum zu sehen, die Versenkung knarrte, und der Vorhang wies Spuren von Mottenfraß auf.

Dennoch fand dort einmal im Jahr ein Ereignis statt, das sich mit einem hochtrabenden Namen schmückte: die »Internationale Theaterwoche der Studentenbühnen«. Gleich nach dem Krieg gegründet, nicht etwa von seiner Magnifizenz, dem Rektor der Universität, oder von den Stadtvätern, sondern von der amerikanischen Militärregierung, stellte dieses Spielzeug für M. in den paar Semestern, die er dort zubrachte, eine unwiderstehliche Versuchung dar. Es war der einzige Ort, an dem es Krach und Wonne gab. Obwohl niemand Geld hatte, reisten aus Stockholm und Parma, aus Warschau und Paris Theatertruppen mit altertümlichen Bussen an. Sie kamen aus sechzehn Ländern. Einmal waren sogar Studenten aus Istanbul und aus Brasilien dabei. Die kleinen Gasthöfe waren einem derartigen Ansturm nicht gewachsen. Das fahrende Volk mußte in Zelten der U.S. Army kampieren.

Bald stachen die zugereisten Künstler ihre Gastgeber aus. Sie zeigten sich allein schon durch ihr Temperament und ihre gute Laune überlegen. Dafür durfte jeder, der sich der heimischen Studiobühne anschloß, bei allem mithalten, was ein Theater braucht. Alle malten Plakate, verkauften Karten, kümmerten sich um die Verpflegung und pinselten Kulissen. M. mimte den Dolmetscher und Dramaturgen und redigierte ein winziges Blättchen für die Teilnehmer, das er *Spotlight* nannte. Einmal wagte er sich sogar auf die Bühne und trat in Tiecks *Gestiefeltem Kater* auf. Seine schauspielerische Leistung kam den Zuschauern und ihm selber so verheerend vor, daß er beschloß, sich nie wieder in diesem Metier zu versuchen.

Dennoch haben jene mit Streit und Flirt angereicherten Sommerwochen M. für die meist dürren Vorlesungen entschädigt, in denen die alten Parteigenossen unter der Professorenschaft sich abmühten, ihre »Belastungen« loszuwerden. Das war nicht das einzige absurde Theater, das in E. aufgeführt wurde. Auch die Liebhaber Ionescos und Becketts, zu denen M. sich zählte, kamen auf ihre Kosten.

Umherschweifende Suche nach hörenswerten Verlautbarungen

Man hat M. gelegentlich vorgeworfen, er sei ein Parasit. Früher war ihm das egal. Aber immerhin hat er, statt Geld zu verdienen, ein paar Jahre an verschiedenen deutschen Universitäten vertrödelt. Der *numerus clausus* war eine unbekannte Regel; man konnte also nach Belieben von einer Alma mater zur andern wechseln. M.s zweite Wahl fiel auf Freiburg im Breisgau, wo er sich in ein Studentenheim einnistete. Von dort war es nicht weit zur Bibliothek und zum Hauptgebäude der Universität. Man stieg in dieselbe Trambahn, mit der Edmund Husserl zu seinen Vorlesungen gefahren war. Seine phänomenologischen Nachfolger wunderten sich über die auffälligen Lücken in den Mitschriften seiner Hörer. Die Editoren seiner nachgelassenen Werke fanden dafür eine einfache Erklärung. Der Philosoph pflegte nämlich mit seinem Kolleg, kaum daß er die Tram der Linie 5 betreten hatte, vor den erstaunten Passagieren anzuheben, um es bei seiner Ankunft im Hörsaal unverzüglich fortzusetzen.

Mit seinen Kommilitonen, die nie ohne Krawatte erschienen, hatte sich M. zum Mittagessen bei einer Beamtenwitwe verabredet, die gegen ein monatliches Entgelt an jedem Werktag mit einem selbstgekochten Mahl für »ihre Herren« sorgte. Es gab Sauerbraten oder eine Forelle. Aufmüpfige zogen es vor, ihre freie Zeit in einer schräg möblierten Milchbar oder im einzigen Jazzkeller der Stadt zu verbringen. Sogar in die erste Demonstration seines Lebens ist M. damals halb aus Versehen geraten. Es ging um einen Film des Regisseurs Veit Harlan und seiner Frau, die Söderbaum hieß und als »Reichswasserleiche« bekannt war. Leute, die an *Jud Süß,* einer antisemitischen Produktion Harlans, etwas auszusetzen hatten, protestierten vor dem Kino; einer, der sich mit Chemikalien auskannte, brachte eine Flasche mit Buttersäure in den Saal. Der Erfolg der Aktion bestand darin, daß die Vorstellung abgebrochen werden mußte.

Ein Gerichtsvollzieher, der Einlaß in das Studentenheim begehrte, um bei M. irgendwelche Schulden einzutreiben, mußte unverrichteter Dinge abziehen, als der Gesuchte ihm die Flicken auf seiner Cordhose zeigte, um darzutun, daß es hier nichts zu pfänden gab.

Die Freiburger Germanistik bot ein wenig einladendes Bild. Der Vertreter dieses Faches war ungehalten, als M. ihm in der Sprechstunde ein Thema vorschlug. Er beabsichtige, die Rhetorik des Verfassers einer Kampfschrift aus den Jahren 1925/26 zu untersuchen. Das lehnte der Professor ab. *Mein Kampf,* entgegnete er, das sei doch keine Literatur. Damit war für ihn der Fall erledigt.

Daraufhin pickte M. sich andere Angebote aus dem Vorlesungsverzeichnis heraus. Er fand Gefallen an der arabischen Schrift und versuchte sich an ihrem Alphabet. Allerdings konnten seine kalligraphischen Versuche kaum überzeugen, weil er sich in den vielen Varianten verirrte und zwischen Divani, Ruqa und Kufi nicht hinreichend unterscheiden konnte. Andere Attraktionen gab es in der Romanistik. Dort weihte ein Meister namens Hugo Friedrich seine Hörer in die Geheimnisse Baudelaires und Mallarmés ein.

203

Ein falscher Famulus

An der medizinischen Fakultät leistete M. sich eine Abwechslung, die von Hochstapelei nicht weit entfernt war. Dort schlich er sich eines müßigen Tages in das Seminar eines angesehenen Psychiaters ein, der ab und zu seine Patienten mitbrachte, um die Studenten an den richtigen Umgang mit ihnen zu gewöhnen und in die Praktiken der Zunft einzuüben. Die Phantasien der Probanden, die er vorstellte, kamen M. ganz normal vor. Ihre Äußerungen waren nicht sonderbarer als die französischen Gedichte eines Rimbaud, Lautréamont oder Aragon. Außerdem erinnerten ihn manche ihrer Tics und Marotten an Personen aus dem Kreis seiner Verwandten und Bekannten.

Er fand diese Lektion spannender als die im Vorlesungsverzeichnis angebotene Einführung in die althochdeutsche Grammatik, und so beschloß er, einmal pro Woche die psychiatrische Klinik aufzusuchen. Allerdings erwartete der Professor von den Studenten mehr als bloßes Zuhören und fleißiges Mitschreiben. Er deutete jedesmal mit dem Finger auf einen von ihnen und forderte ihn auf, nach vorn zu kommen. Dann mußte der den Patienten untersuchen und versuchen, eine erste Diagnose zu stellen.

M. war so unvorsichtig gewesen, schon beim ersten Mal eine Frage an den Professor zu richten. Damit war er ihm aufgefallen. Von nun an mußte M. damit rechnen, an die Reihe derer zu kommen, die auf die Bühne zitiert wurden. Vor der unvermeidlichen Blamage konnte ihn nur ein Mittel retten, das er von einer anderen Fakultät her kannte.

Bei den Literaturwissenschaftlern zum Beispiel las kaum jemand die kritischen Gesamtausgaben, die Handbücher und Kompendien von vorne bis hinten; beim Büffeln für das Examen genügten ein paar Taschenbücher. Womöglich verfuhren auch die Mediziner auf diese Weise? Dann galt es, wenigstens die richtigen Stichworte parat zu haben.

M. machte sich ans Werk und murmelte Ausdrücke wie *Megalomanie, Paranoia* und *Hebephrenie* vor sich hin. Er fand heraus, daß *Kataplexie* und *Katalepsie* leicht miteinander zu verwechseln waren. Unklar blieb, an welchem Punkt eine simple Zwangsneurose umkippte, so daß es zu einem psychotischen Schub kommen mußte.

M. war also nur mäßig vorbereitet, als ihn der Dozent bei der dritten Sitzung nach vorne rief. Sogleich schob ein Pfleger den Patienten herein, einen etwa zwanzigjährigen, übergewichtigen Mann im Rollstuhl, der über der grauen Anstaltskleidung an einer dicken Wolldecke herumfingerte. M. wußte nicht, was er mit ihm anfangen sollte. »Wie geht es Ihnen?« – »Wie heißen Sie?« – Keine Reaktion, kein Blick unter den schwer herabhängenden Lidern. Vielleicht war der Mann kataton oder einfach nur schläfrig. Das Wort *Narkolepsie*, nach dem er suchte, wollte M. partout nicht einfallen. Nach einer langen Pause fing einer in der ersten Reihe an zu kichern.

»Danke«, sagte der Professor, »das reicht für den Anfang.«

M. ergriff die Flucht. Draußen regnete es. Er war mit knapper Not an der Entlarvung vorbeigeschrammt. Nie wieder, schwor er sich. Daß er als Hochstapler versagt hatte, erleichterte ihn. Wieder einmal war er an einem der Talente, die ihm fehlten, gescheitert.

Ein Maulwurf in der Societas Jesu

Später erlag M. in Freiburg dem Reiz einer Denkweise, die in den fünfziger Jahren des zwanzigsten Jahrhunderts einen besonders schlechten Ruf genoß.

Seine Einweihung in ihre Arkana verdankte er einem Lehrer, der unverdächtig genug war, diese Disziplin zu verwalten: einem Jesuitenpater namens Gustav A. Wetter. Dieser ebenso gescheite wie gründliche Gelehrte hatte sich in die marxistische Literatur vertieft. Nach dem Rezept Walter Benjamins präparierte er den Säugling, den er schlachten wollte, nach allen Regeln der Kunst. Nur daß er bei M. mit dieser Propädeutik das Gegenteil erreichte; denn an der Lehre dieser Klassiker leuchtete ihm vieles ein. Noch heute sieht er keinen Grund, sie in Bausch und Bogen zu verwerfen. Besonders Karl Marx weiß er nach wie vor zu schätzen. Als *artiste démolisseur* jedenfalls sei dieser alte Zaddik unübertroffen.

Später ist M. sogar bis zu den berüchtigten *Theorien über den Mehrwert* vorgedrungen. Ein Trümmerfeld! Ausbeutung, Überbau, Arbeitsteilung, ein unglaubliches Durcheinander, und natürlich tauchte bei diesem Parcours auch immer wieder der Parasit auf. Eigentlich blieb von diesem Vorwurf nur der gute alte Fabrikarbeiter verschont. Alle anderen nämlich, Pfarrer, Wissenschaftler, Händler, Chauffeure, Techniker, Banker, Professoren, Politiker, Lakaien und nicht zuletzt der bunte Haufen der Künstler und Schriftsteller, wurden gnadenlos als unproduktive Schmarotzer entlarvt. Eine schöne Bescherung! Damit stünden heute gut drei Viertel der Beschäftigten als Parasiten da, nicht gerechnet die Paupers, Säufer und Kriminellen, die, jeder auf seine Weise, ebenfalls vom Mehrwert leben, den jene Minderheit erzeugt. Die freilich wird seit geraumer Zeit ihrerseits subventioniert, um sie bei Laune zu halten, so daß sich aus der Logik der Sache, ganz gegen die Intention des Meisters, eine einfache, wenn auch verstörende Schlußfolgerung ergibt, nämlich daß, in Tausenden von groben oder subtilen Abstufungen, der eine jeweils zum Parasiten des anderen geworden ist.

M. jedenfalls hat einem solchen Befund, wenn er erhoben wird, nichts entgegenzusetzen; denn auch er übt einen sonderbaren Beruf aus. Er fragt sich nur, ob nicht den allermeisten Berufen, sobald man sie nur genau genug betrachtet, etwas Komisches, Fragwürdiges, Irres anhaftet.

Es gab damals auch andere Philosophen

Viel berühmter als der bescheidene Pater war natürlich der große Zampano, dessen Ruf sich auf der ganzen Welt, besonders aber in Frankreich, verbreitet hatte. Im Wintersemester 1951/52 hielt Martin Heidegger eine Vorlesung mit dem Titel »Was heißt denken?«. M. beschloß, dem Ritual im überfüllten Hörsaal beizuwohnen. Schon die berüchtigte Vorliebe dieses Denkers für zweifelhafte Wortspiele mißfiel ihm. Bald schmuggelte der Philosoph das Wort *uns* in seine Argumentation ein. Warum dadurch der Titel fortan als Imperativ gelten sollte, wollte N. nicht einsehen. Abstoßend fand er auch die Dialogunfähigkeit des

Philosophen, die sich in einem Seminar erwies, in das M. sich einschrieb und bei dem kein anderer zu Worte kam.

Wenig wußte man damals von Heideggers politischen Vorlieben. Nur gerüchteweise war zu erfahren, wie schäbig er seinen Lehrer Husserl behandelt hatte. Unterderhand wurden Kopien der Gedichte herumgereicht, die er verfaßte und von denen M. sich nur an eine einzige Zeile erinnern kann. Sie lautet: »Und kniete sie entrückt im Moor.« Schon aus sprachlichen Gründen sah er davon ab, sich weiter mit den Äußerungen des Meisters zu befassen.

Statt dessen fand er sich bei dem sogenannten Mokka-Seminar in der Privatwohnung von Professor Wilhelm Szilasi ein. Dort wehte eine ganz andere Luft, die nicht nur hygienischer, sondern auch einladender war. Dieser Philosoph hatte sich 1933 gezwungen gesehen, in die Schweiz zu emigrieren. Er war Husserl-Schüler und mit Tibor Déry, dem Dichter Mihály Babits, mit Schadewaldt und Löwith befreundet. Nach seiner Rückkehr wurde er für einige Zeit zum Nachfolger Heideggers berufen, dem der Senat der Freiburger Universität und die Militärregierung die Lehrbefugnis entzogen hatten. (Nach seiner Emeritierung im Jahr 1951 nahm der Großphilosoph seine Verkündigungen unverzüglich wieder auf.)

Das Mokka-Seminar hieß so, weil Frau Szilasi den Teilnehmern in kleinen Täßchen mit Goldrand Kaffee nach ungarischer Rezeptur anbot. Es war *privatissime et gratis*, also äußerst exklusiv. Platons Dialoge wurden dort im Original gelesen; griechische Kenntnisse wurden stillschweigend vorausgesetzt. Mit denen konnte M.

nicht aufwarten; abermals war er, um einer Blamage zu entgehen, gezwungen, ein wenig hochzustapeln. Glücklicherweise ist er mit dieser harmlosen Täuschung nicht aufgeflogen, und so denkt er liebevoll an diese gelehrten Unterhaltungen zurück.

Bei den Hanseaten

Als er einsah, daß aus ihm nie und nimmer ein wahrer Philosoph werden würde, ging M. wie ein Wanderbursche auf die Walz. Zwei Semester brachte er in einem Vorort von Hamburg zu. Sein Onkel Richard, der allseits beliebte Landarzt, nahm ihn, ohne zu zögern, auf, und sogar Tante Helene, seine trotz ihres Pferdegebisses etwas schmallippige Frau, fand sich mit dem ungebetenen Gast ab, obwohl sie neben ihrer medizinischen Praxis mit drei Söhnen genug am Hals hatte.

Warum Hamburg? Das hätte er nicht sagen können. Vielleicht wollte er nur in einem anderen Klima ein wenig auslüften. Dabei half ihm sein unternehmungslustiger Vetter Volker, dessen Clique er sich gerne anschloß. Sie bestand aus ein paar verwöhnten Burschen, die zur Hamburger Gesellschaft zählten. Günter war der Sohn eines Großhändlers, der alles führte, was zur Versorgung großer Schiffe nötig war. Obgleich er stets die feinsten Maßanzüge aus englischem Tuch trug, war er ebenso bereit zu unsinnigen Abenteuern wie sein Freund Klaus, ein angehender Physiker. Übrigens unterhielt M.s Vetter freundschaftliche Beziehungen zu einigen Damen von der Ree-

perbahn, und die Studenten zögerten nicht, sich auch mit diesem Milieu ein wenig vertraut zu machen.

Polizeiwidrige Neigungen waren dem Vetter nicht fremd. Eines Sonntags will Volker auf der Farmsener Landstraße eine von den Straßenarbeitern verlassene Dampfwalze gekapert und die kleine Bande bis zur Berner Brücke gefahren haben. Allerdings verweist M. diese bis zum Überdruß erzählte Geschichte in das Reich der Legende.

Vom Studium seien ihm leider nur zwei Episoden erinnerlich. Die eine handelt von einem gewissen Herrn Pyritz, Ordinarius der Germanistik seines Zeichens, einem Erbsenzähler und »Studentenschinder« (so der Dichter Peter Rühmkorf), der 1933 in die SA eingetreten war und Alfred Rosenberg im »Amt Schrifttumspflege« gedient hatte. Niemand schien ihm das übelgenommen zu haben. Die Studienstiftung des deutschen Volkes benannte ihn sogar als Vertrauensdozenten für die Auswahl der Kandidaten, die sie zu fördern gedachte. M. studierte die Veröffentlichungen dieses Lehrers, meldete sich zu seiner Sprechstunde an und legte ihm ein Forschungsvorhaben ans Herz, das frei erfunden, doch genau auf die Marotten eines Fachidioten zugeschnitten war. Pyritz war beeindruckt. Wenig später nahm die Stiftung M. als Stipendiaten auf, eine Wohltat, für die M. ihr bis heute dankbar ist. Den Lehrstuhlinhaber hat er nie wieder zu Gesicht bekommen.

Sein Hamburger Antipode hieß Hans Wolffheim. Der war als junger Lehrer 1933 entlassen worden, weil sein Vater Jude war, und mußte sich zwölf Jahre lang als Transportarbeiter und Reklametexter durchschlagen. Es grenzt an ein Wunder, daß er überlebt hat. Erst nach dem Krieg konnte er wieder wissenschaftlich arbeiten. 1955 wurde er endlich zum »außerplanmäßigen« Professor ernannt, ein Titel, der ganz zu seinem Wesen paßte. Er hat an der Hamburger Universität die Exilforschung begründet, und M. verdankt seinen Seminaren die Kenntnis von Autoren wie Jakob van Hoddis und Albert Ehrenstein.

Magere Reisen

Die Clique aus der Hamburger Umgebung war mit dem, was die deutschen fünfziger Jahre zu bieten hatten, nicht zufrieden. Sie verabredete sich zu ausgedehnten Fahrten ins Ausland. Jeder brachte seine Erfahrungen beim sogenannten Autostop mit; der eine wußte, wie man als Tramper den Fahrer, der einen mitnahm, mit erfundenen Lebensläufen zu unterhalten hat; der andere hatte sich den lateinischen Geleitbrief eines Benediktinerabtes verschafft, der den Reisenden der Gastfreundschaft aller spanischen Ordensbrüder empfahl; der dritte war ein Kartenleser, der auch auf dem unübersichtlichen Balkan mit seinen Zollstationen und Straßensperren eine Route fand, auf der durchzukommen war. Man tauschte Ratschläge und Warnungen aus. »Die Belgier mit ihren roten Kennzeichen halten nie.« – »Ich warte in Krusaa an der dänischen Grenze auf dich. Treffpunkt ist Ritas Kiosk.« – »Mit einem jugoslawischen Offizier aus der Zeit der Partisanen kommst du an jeder Kontrolle vorbei.« – »In der Schweiz mußt du jedem, der anhält, erklären, warum du ohne Fahrkarte und ohne Geld unterwegs bist.«

Angeblich hat M. es auf diese Weise bis nach Sevilla, nach Kalmar und sogar nach Istanbul geschafft.

Neresheim, 21.II.1951.

PAX!

Infrascriptus P.Joannes K r a u s, O.S.B., cum per annos fere tres capellanum ageret captivorum in castris Divionensibus No.81 (étant Aumônier cath.d.P.G. du dépôt 81 à Dijon), eam semper apud omnes, praesertim ecclesiasticos, quos adiit, expertus est hospitalitatem et benignitatem, quam hec in patriam suam reversus unquam oblivisci, sed ne silentio quidem praeterire potest.

Exinde liceat ei simile quid favoris et humanitatis expetere pro afferente has litteras, Joanne Magno E n z e n s b e r g e r, qui ortus ex catholica familia optimae famae, non solum ipsi, sed apud omnes sui monasterii confratres ob suum se gerendi modum usque nunc in laudibus est, quique, cum iam collaboraverit illis a iuvenibus studentibus ad fovendam pacem peractis conventibus internationalibus, conditiones Gallicas, speciatim vero instituta ecclesiastica et religiosa, profundius cognoscere cupit.

Quem ergo, ut ambae nostrae nationes, sicut optimi quique ex utraque parte desiderant, magis ac magis in mente christiana reconcilientur, Illmis Dignitatibus et Rmis Superioribus ecclesiasticis enixe commendat

in Xo humillimus servus

P. Johannes Kraus O.S.

P.Johannes Kraus, O.S.B.
(14a) Abtei Neresheim, Wttbg.
Allemagne.

Supradicta uti vera testificatur et pro sua quoque parte libenter confirmat

+ Bernardus Durst O.S.B.

Abbas Neresheimensis,
p.t.Praeses Congregationis Beuronensis.

Angst vor Pferden

Ach ja, was ist aus dem Trivialroman mit der schönen Russin Natascha geworden? Der Weg zu ihr war weit, aber M. war hinreichend als »Anhalter« geübt, um ihn einzuschlagen. Einmal befahl sie ihm, nach München zu kommen, wo ihre Mutter lebte, eine Ärztin, deren abenteuerliches Schicksal sie nach Persien und in die USA geführt hatte.

Nun hatte Natascha sich in den Kopf gesetzt, in der akademischen Reitschule diese standesgemäße Form der Fortbewegung zu erlernen. Das Rendezvous nahm den üblichen dramatischen Verlauf, verschärft durch die Tatsache, daß M. noch nie auf einem Pferd gesessen hatte. »Na los, worauf wartest du?« Mit diesem Ruf wies sie auf den Falben, der neben ihr wartete, und half ihm auf den Sattel. Schon auf der nahen Wiese zeigte sich das Tier, das ihm enorm hoch vorkam, störrisch, blieb abrupt stehen und ging dann plötzlich, wie es im Jargon der Reiter heißt, durch. M. klammerte sich an der Mähne fest, um nicht abgeworfen zu werden. Auf die zaghaften Versuche, es zu zügeln, reagierte das Pferd nicht, sondern entschloß sich, den Park zu verlassen und sich in aller Ruhe auf eine Hauptstraße zu begeben. Erst beim Nahen einer heftig klingelnden Straßenbahn scheute die nervöse Bestie, eingekeilt von Autos, die einen Stau verursachten. Schließlich kam die Polizei und holte M. von seinem hohen Roß. Seine Dame ließ sich nirgends blicken.

Wenige Jahre nach dieser Demütigung saß M. eines Nachts auf der Heimfahrt in einem Bummelzug. Von ei-

ner Sekunde auf die andere erkannte er, daß es mit dieser verunglückten Geschichte aus und vorbei war. Als er ein paar Jahrzehnte älter war, lief ihm eines Tages auf der Leopoldstraße eine Frau über den Weg, die ihm vage bekannt vorkam. Sie nahm keine Notiz von ihm.

Widersinnigerweise erinnert er sich an diese jämmerliche Geschichte bisweilen lieber als an leichtere Liebschaften.

Ein Ausflug in die Hauptstadt des 19. Jahrhunderts

Zu Anfang der 1950er Jahre galt Paris noch als ein Ort, der die Phantasie beflügelte. Auch für M. war *la Ville Lumière* ein Sehnsuchtsziel. Er hatte vom Existentialismus gehört, Sartre gelesen und die verlockende Kellerstimme der Juliette Gréco vernommen. Ein französischer Senator, dem er irgendwo vorgestellt wurde, verschaffte ihm ein kleines Stipendium und die Immatrikulation an der Sorbonne. Für eine Fahrkarte Geld auszugeben fiel ihm nicht ein; es war Ehrensache, am Straßenrand auf eine Mitfahrgelegenheit zu warten.

Seinen französischen Freund Roger hatte M. auf der grünen Wiese kennengelernt, in einem Zelt, das beim Festival der Studentenbühnen in E. Unterschlupf gewährte. Das war ein Mann voller Brio, der aus der Provinz stammte, aber mit allen Wassern der Metropole gewaschen war. Ihm verdankte M. seine Einweihung in die alltäglichen *mystères de Paris*. Das erste, was er ihm beibrachte, war das zweisilbige Motto: »Du darfst!« – eine im klammen Deutschland damals unerhörte Botschaft. Obwohl er lange mit einer kleinen Komödiantin zusammenlebte, schlief er mit allem, was ihm gefiel, vorzugsweise mit Männern. Über Konflikte, die sich daraus ergeben konnten, war Roger erhaben. Daß M. von seiner unüberwindlichen

Vorliebe für Frauen nicht lassen wollte, quittierte er mit einem nachsichtigen Lächeln.

M. stellte bald fest, daß es in Paris Dinge zu lernen gab, die in der ehrwürdigen Sorbonne nicht zu finden waren. Nach der ersten Vorlesung wandte er sich dem Studium dringenderer Dinge zu. Sein Französisch besserte sich. Unter der Anleitung seines Freundes entwickelte er, ungehemmt durch den chronischen Geldmangel, eine Chuzpe, die ihn selbst überraschte. Oft wußte er am Morgen nicht, wo er aufwachte – in einem Stundenhotel oder im Atelier eines Bildhauers, in dem mit Plastikplanen verhüllte Riesenstatuen herumstanden. Im Notfall ist er sogar ein paarmal zum Zechpreller geworden.

Sein Freund Roger bewegte sich gewandt im Pariser Theater- und Radiomilieu, wo er sich an Leute wie Raymond Queneau, Maurice Nadeau, Roger Blin und Jean Cocteau hielt. Er verschaffte M. sogar die Bekanntschaft mit der legendären Schauspielerin Maria Casarès.

In St.-Germain-des-Prés herrschte damals noch eine verspätete Bohème. Auf der einen Seite des Platzes ließ sich Sartre, auf der anderen Camus, beide mit ihrem Troß von Anhängern, in den berühmten Stammcafés sehen, wo sich heute nur noch Touristen niederlassen. Aber tief in den verwinkelten Gassen überlebten auch die Erfolglosen und die Hungerleider in ihren Dachkämmerchen in der sechsten Etage. Dort war der russische Dramatiker Arthur Adamov mit seiner Frau Jacqueline zu Hause. Schon die Adresse Passage de la Petite Boucherie ließ keine Illusionen von Komfort aufkommen. Madame lud mich zu einem Kaffee ein, doch vor der Unterhaltung über die Wechselfälle des absurden Theaters mußte das Geschirr im Bidet abgewaschen werden. Ein Badezimmer für den heftig umstrittenen Dichter war nicht vorhanden. 1970 hat er sich mit Schlaftabletten umgebracht.

Sein Freund Roger Pillaudin hatte es, nach manchen Umzügen von einer Mansarde in die andere, zu einer eigenen Wohnung in der Nähe des Pariser Observatoriums gebracht, in einem altmodischen Haus, das bald der Spekulation zum Opfer fiel. Man keuchte die Wendeltreppe hoch bis unters Dach. Die alten Dienstmädchenzimmer gewährten durch das *vasistas*, eine Art Guckloch, einen herrlichen Ausblick auf die Silhouette der alten Stadt. Sehenswert waren auch die Nachbarn auf dem sechsten Stock: zur Linken eine massige Afrikanerin, die jeden Mitbewohner in ihr Bett einlud, und zur Rechten ein Rundfunkreporter aus Tanger, der mit verschlissenen Jacken herumlief, doch stets einen tadellosen Smoking bereithielt, ohne den er zu den offiziellen Empfängen, über die er berichten mußte, keinen Zutritt gehabt hätte.

Nach sechs Monaten war M.s Stipendium ausgelaufen. Er bekam die Armut, den Cafard, die schlechte Luft und die Flöhe in der Metro satt und kehrte gern in die Langeweile seines streberhaften Vaterlandes zurück.

Roger, talentiert und phantasievoll, blieb als Dichter und als Schauspieler glücklos. Sein Geld verdiente er beim Rundfunk, wo die Administration ihn machen ließ, was ihm einfiel, gewagte, spielerische Sachen, wie sie Jean Tardieu in seinem *Club d'Essai* ausbrütete.

Später vertrieb ihn eine schwere Arthrose aus Paris. Er zog sich in das mildere Klima der Provence zurück, bis ihm nichts anderes übrigblieb, als vor dem Mistral in die Tropen zu fliehen. Erst später erfuhr M., daß er nach Guadeloupe oder Martinique verschwunden war und daß er dort gestorben ist.

Eine letzte Prüfung

M.s Vater machte sich Sorgen. Was sollte bloß aus seinem leichtsinnigen Ältesten werden? In der Generation von 1902 glaubte man noch an einen ordentlichen »Abschluß«. Der Titel Dr. besaß eine Geltung, die eine bürgerliche Existenz zu verbürgen schien. Um den Vater zu beruhigen, beschloß M., eine kleine Dissertation anzufertigen. Ein Adressat ließ sich in der fränkischen Universitätsstadt E. bald finden, obschon mit den Lehrstuhlinhabern der Germanistik schwer auszukommen war. Es gab aber dort einen Mann, der sich als Theaterwissenschaftler ausgab, vielleicht, weil er in diesem Fach seinen Kollegen nicht in die Quere kam. Dabei war Wolfgang Baumgart ein ausgewiesener Philologe, Mitherausgeber der Artemis-Ausgabe von Goethes Werken. Aber er gehörte eben zu den »Außerplanmäßigen«, denen die Administration mißtraute. Mit seiner eleganten Allüre, seinem gepflegten lockigen Schopf und seiner zivilen Intonation kam er M. wie ein Hofrat aus Kakanien vor. Er war ihm schon bei der Studiobühne und auf dem Theaterfestival begegnet, für das er viel getan hatte. Seine Seminare waren ebenso gelehrt wie witzig, und so war der prospektive Doktorand froh, daß Baumgart die Rolle des Gutachters übernahm.

Die Arbeit war in kurzer Zeit geschrieben, und der Verfasser gab sie in der kleinen Villa hinter dem Burgberggarten ab. Das Zimmer des Hofrats war übersät mit allen möglichen Papieren. Leider hatte M. vergessen, einen Durchschlag mit dem damals üblichen Kohlepapier zu behalten. Als er ein paar Wochen später nach dem Urteil des »Doktorvaters« fragte, mußte dieser eingestehen, daß das Manuskript unauffindbar war.

Das war kein großer Verlust. Denn aus ein paar Notizheften, wo vor allem die unentbehrlichen Fußnoten und Literaturangaben verzeichnet waren, konnte M. sich leicht zusammenreimen, was er geschrieben hatte. Bald nach dem Malheur wurde eine zweite Fassung bei der Fakultät eingereicht. Das angeschlagene Gewissen des außerplanmäßigen Professors sorgte dafür, daß die Promotion anstandslos über die Bühne ging. Auch die vorgeschriebene mündliche Prüfung glich eher einer Farce als einem Examen, so daß alle Beteiligten nach Hause gehen durften, ohne das Gesicht zu verlieren.

Von einer akademischen Karriere kann also bei M. schwerlich die Rede sein.

Noch ein verfrühter Nachruf

Was ist aus seinem Bruder Christian geworden? Schon wieder etwas, das nicht hierher gehört, muß M. einräumen. Aber dieses Kapitel könne er beim besten Willen nicht weglassen.

Lesen und schreiben konnten wir alle, sagt er. Doch der eigentliche Skribent in der Familie war Christian. *Nulla dies sine linea* – das sei mehr, als M. von sich sagen könne. Im Nachlaß dieses Unbeirrbaren hätten sich, unter einem Haufen von unbezahlten Rechnungen und nie eingelösten Schecks, über 30 000 handgeschriebene Seiten gefunden.

Der Titel seines ersten Buchs habe gelautet: *Größerer Versuch über den Schmutz*, und auf der Widmungsseite stehe nicht »*For the happy few*«, sondern »Für mehrere«.

Die Ansprüche, die Christian an sich stellte, waren beängstigend. Manche fanden sie unverschämt. Einen Roman, in dem er die Autobiographie eines Menschen vom Säuglingsalter an mit der des Menschengeschlechts zu verbinden sucht, nannte er *Was ist Was*.

Im Lauf der Jahre erfand er seine eigene Version der klassenlosen Gesellschaft. Unter seinen Geliebten waren ein schwerblütiger Kanalarbeiter aus Kalabrien und ein arbeitsloser Elektriker. Einmal im Jahr, an seinem Geburtstag, lud er, angetan mit einer Djellaba aus feinstem Kamelhaar, Spinner, Gelehrte, Dealer und Köche in die Wohngemeinschaft ein, wo er wie ein Pascha thronte. Mit einem Hobel spendete er jedem eine Scheibe von der Piemont-Trüffel auf die Hand. Dann hielt er eine Geburts-

tagsrede auf sich selber, deren einziger Gegenstand aber das Wörtchen *fast* war. So hangelte er sich zwischen Witz und Verzweiflung durch wie Lewis Carroll und Samuel Beckett, die er beide übersetzt hat.

Vierzig Jahre brachte Christian in Elementar-, Ober-, Hochschulen und Kollegien zu. Seine Schüler hingen an seinen Lippen. Dann hatte er genug von der Universität, warf seinen Lehrstuhl um und ging jeden Tag ins Freie. Er redete mit den Steinen, sah den Pflanzen und den Wolken zu und machte sich an seine Hauptarbeit, eine gänzlich neue Geschichte der Natur, die ohne den Darwinismus auskam; Aristoteles und Schopenhauer hätten, wie er sagte, mehr davon verstanden als alle Evolutionsbiologen.

Als er nach fünfzehn Jahren mit dieser Arbeit fertig war, hörte er auf zu essen und starb. Daß die Jüngeren vor den Älteren enden sollten, kam M. widersinnig vor. Sich mit diesem Fehler der Natur abzufinden war schwer.

Ein Autodafé

Beim Finanzamt wird Wert darauf gelegt, daß jedermann möglichst viele Belege hortet. Diese Art, die eigene Autobiographie zu sammeln, weiß M. nicht zu schätzen. Er habe keine Lust, sagt er, an der deutschen Tradition des Bildungsromans weiterzustricken.

Nun läßt es sich zwar nicht vermeiden, daß hie und da etwas Schriftliches aus seinem Vorleben übrigbleibt: ein Schulzeugnis, eine Postkarte, eine Schublade mit alten Photos oder ein Taschenkalender mit Adressen. Wenn Nagetiere schreiben könnten, hätten die Hefte, die M. in seinen jungen Jahren vollschmierte, allenfalls zur Autobiographie einer Maus getaugt.

223

Dem Adoleszenten sind die Erwachsenen peinlich. Später tritt der umgekehrte Fall ein, und die Jugend wird als eine unvermeidliche Kinderkrankheit wahrgenommen wie der Keuchhusten. Bereits im zweiten oder dritten Semester traf M. Vorkehrungen, um so viele Belege wie möglich aus seiner Krankenakte zu beseitigen. Dazu brauchte er nur im Vorgarten seines Freiburger Studentenwohnheims einen kleinen Scheiterhaufen aufzurichten und gewissermaßen als sein eigener Inquisitor zuzusehen, wie diese »Belege« in Flammen aufgingen.

Sonst ist in seinen jungen Jahren nicht viel passiert.

Envoi

Wenn er über sich selber schreibt,
schreibt er über einen andern.
In dem, was er schreibt,
ist er verschwunden.

Illustrationen

FAE = Familienarchiv Enzensberger

Umschlag: Letzter Satz von Wittgensteins Tractatus in vierzehn
   Sprachen. Graphik von Pietro Borradori (1992).
Seite 5: Opus incertum. Internet.
Seite 6: George Washington rauft sich angesichts der Wirtschaftskrise
   von 1929 die Haare.
Seite 7, 8: FAE.
Seite 9: Reißzeug von Joseph E. FAE.
Seite 10: Hochzeitsphoto Elisabeth und Joseph E. FAE.
Seite 12: Technische Zeichnung von Andreas E. FAE.
Seite 12: Mit Genehmigung der Reichspost wurde die Deutsche Stunde
   1922 in München gegründet.
Seite 13: Anzeige in der Deutschen Stunde.
Seiten 14, 15 und 17: Reklamebilder.
Seite 18, 19, 21, 22: FAE.
Seite 25: Eingang zum Postscheckamt Nürnberg. Stadtarchiv Nürnberg.
Seite 26: Reklame, 1930er Jahre.
Seite 27: Weihnachtskrippe. FAE.
Seite 32: Reklamebild.
Seite 34: Martin E.: Broschüre der Firma Gloor Satz Repro, München
   1981.
Seite 35: Martin E. FAE.
Seite 36: Ferdinand von Reitzenstein, Das Weib bei den Naturvölkern.
   Berlin: Neufeld & Henius ²1932.
Seite 37: Andreas E., Lokomotivmodell System Trix. FAE.
Seite 39: Andreas E., Aufriß einer Moschee. Farbige Tuschzeichnung
   1952. FAE.
Seite 40, 41: Franz Karl Ginzkey, Hatschi Bratschi's Luftballon.
   Mit Bildern von Erwin Tintner. Wien: Rikola o. J. (1922).
Seite 42: Völkischer Beobachter vom 1. Juli 1934.
Seite 43: Der Schulungsbrief. Berlin, Januar 1936.
Seite 45: Trau keinem Fuchs auf grüner Heid … Nürnberg: Der Stürmer
   1936.

Seite 47: Dacherker Hintere Insel Schütt 14. Stadtarchiv Nürnberg A 39 / III Nr. Fi-J-92 (Ausschnitt).

Seite 49: Kaiserpanorama.

Seite 50: Diphtherie. dittrickmuseumblog.com

Seite 53: wikimedia.org

Seite 55: M.s Kreidezeichnung von Ludwigshafen. FAE.

Seite 56: Walburga Ledermann. Etwa 1950. FAE.

Seite 57: Anzeige »Heiterer Füssener Balladen-Abend«. FAE

Seite 58: Julius Streicher. jhva.wordpress.com

Seite 60: M. als Erstkommunionsdarsteller. FAE.

Seite 62: »Keiner soll hungern!« Plakat des Winterhilfswerks 1934 / 35. Staatsarchiv Freiburg im Breisgau.

Seite 64: Lilliput Wörterbuch Deutsch-Englisch. Berlin: Langenscheidt. 1930er Jahre.

Seite 66: Photo der Familie Rabmüller. Glasplatte. Einziges Bild des Onkels, der Josef hieß. Von links nach rechts neben ihm sein Vater Johann, ein Pflegesohn namens Anders, die Mutter Ursula und die Tochter Elise. Atelieraufnahme aus den 1890er Jahren. FAE.

Seite 68: Flamencotänzerin. colourbox.de

Seite 71: Schulklasse mit Lehrer Reif. Nürnberg 1938. FAE.

Seite 72: Essenfassen. Reichspateitag 1938. dietiwag.org

Seite 73: Plakette zum Reichsparteitag 1938. germanwarbooty.com

Seite 74: Im Kesselhaus 1926-1930. Förderverein HKW.

Seite 76: Andreas E. 1935. FAE.

Seite 79: HJ-Uniform, 1930er Jahre. Landesmuseum für Kunst und Kulturgeschichte Oldenburg, Foto: WerWil / CC BY_SA2.5.

Seite 81: Dominikanerkloster an der Burggasse in Nürnberg. Stadtarchiv.

Seite 82: Friedrich Bock. Stadtarchiv Nürnberg A39 / III Nr. Fi-E-1110.

Seite 85: Andreas E. als Kriegsverwaltungsrat in Paris 1940. FAE.

Seite 86: Das Hotel Majestic an der Avenue Kléber, 1940.

Seite 87: Brüsseler Zeitung 1943, herausgegeben von der Militärverwaltung in Belgien und Nordfrankreich. Artikel der wikipedia.org

Seite 89: Stocknägel. Unbekannte Quelle.

Seite 90: Frau Trost. FAE.

Seite 93: Fred Ledermann. FAE.

Seite 94: Heydrichs Wagen nach dem Attentat vom 27. Mai 1942. Bundesarchiv, Bild 146-1972-039-44, für Wikimedia Commons zur Verfügung gestellt

Seite 95: Siemens Kammermusik-Schatulle 95W, 1939/40.
radiomuseum.org

Seite 96: Rotationspresse. Artikel Schnellpresse. wikipedia.org

Seite 98: Geheime Reichssache. ns-archiv.de

Seite 99: Vor dem Abbruch der Bauarbeiten am Kraftwerk von Kaprun.
altertuemliches.at

Seite 100: Schäferhund.

Seite 102: Franz W. Seidler, Blitzmädchen. Die Geschichte der Helferinnen der deutschen Wehrmacht im Zweiten Weltkrieg. Koblenz:
Wehr & Wissen 1979.

Seite 104: Nach dem Bombenangriff.

Seite 105: Feuersturm. Trotz Photographierverbot wagte es ein Nürnberger Architekt, die Zerstörungen zu dokumentieren. Hermann
Weber / Stadtarchiv Nürnberg.

Seite 106: Alte Villa in der Nürnberger Keßlerstraße, gegenüber vom
Postscheckamt, vor der Zerstörung. Stadtarchiv Nürnberg A 46
Nr. 7508.

Seite 108: Entengraben in Wassertrüdingen. FAE.

Seite 109: Plakat zur Bekämpfung des Kartoffelkäfers. Thüringer
Kloßmuseum, Heichelheim.

Seite 110: Hopfenernte. lottaleben.de

Seite 112: Logo des Films »Achtung! Feind hört mit!« aus dem Jahr 1940
mit René Deltgen, Regie: Arthur Maria Rabenahr; Terra-Filmkunst
GmbH.

Seite 113: Das erste Flugzeug mit einem Düsentriebwerk. Erstflug 1941,
erster Einsatz 1944. Messerschmitt Me 262A, National Museum of
the United States Air Force, Dayton (Ohio), Foto: U. S. Air Force

Seite 116: Andrees Handatlas. Dritte Auflage.
Leipzig: Velhagen & Klasing 1898. FAE.

Seite 119: Kupferstich aus dem Jahr 1640. musketeer.ch

Seite 120: Photo eines Jagdflugzeugs vom Typ Mustang. Artikel North
American P-51, U. S. Office of War Information / Library of
Congress / Wikimedia Commons.

Seite 123: M.s Schulheft aus der Volksschule. FAE.

Seite 126: Schutzumschlag eines Buches von Franz Winzinger: Albrecht
Altdorfer. Graphik. Holzschnitte, Kupferstiche, Radierungen.
Gesamtausgabe. München: Piper 1963.

Seite 127: Selbstporträt Franz Winzinger als junger Mann, aus: Franz
Winzinger: Maler – Forscher – Sammler. Arbeiten aus 50 Jahren.

Ausstellung in der Städtischen Galerie im Leeren Beutel, Regensburg, anläßlich der Verleihung des Kulturpreises der Stadt Regensburg, Stadt Regensburg (Hg.), 1980.

Seite 128: Werbung bei der Hitlerjugend für die Waffen-SS, 1943. ofernandoezequiel, flickr.com

Seite 129: »Lehm-Orden«, Schutzwall-Ehrenzeichen. lexikon-der-wehrmacht.de

Seite 131: Turnhalle. wikimedia.org

Seite 132: Ulrich E. FAE.

Seite 133: Ulrich E. vor dem Amtsgericht Tiergarten wegen eines Prozesses gegen Fritz Teufel. FAE.

Seite 135: Zerlegung eines Mauser-Karabiners 98K. Mauseraction / CC BY-SA 3.0.

Seite 137: Vormarsch der amerikanischen Truppen im April 1945. World War II Maps (Europe). emersonkent.com

Seite 140: »Wunderwaffe« V2. Historisch-Technisches Museum Peenemünde.

Seite 142: Katzenjammer Kids, nach dem Comic-Strip-Klassiker von Rudolf Dirks. Die beiden Helden, Hans und Fritz, sprechen immer mit einem leichten deutschen Akzent. © King Features Syndicate, Inc. World rights reserved / Distr. Bulls.

Seite 143: K-Ration für die amerikanischen Soldaten im Ausland. ww2rationtechnologies.com

Seite 147: Zellengefängnis zur Zeit der Nürnberger Prozesse 1945-1949, gleichnamiger Artikel in wikipedia.org, Public Relations Photo Section, Office Chief of Counsel for War Crimes, Nuernberg, Germany, APO 696-A, U. S. Army, Photo No. OMTPS-P-25.

Seite 151: Preisliste auf dem Wörishofener Schwarzmarkt vom Mai 1948, zusammengestellt von Richard Ledermann, eingeklebt in seine Familienchronik. FAE.

Seite 155: Abzeichen zum Gautag der NSDAP auf dem Hesselberg, den Streicher zum »heiligen Berg der Franken« machen wollte. rothenburg-unterm-hakenkreuz.de

Seite 156: Abzeichen der Royal Air Force. mycollectors.co.uk

Seite 157: Schild des Kriegsministeriums aus dem Zweiten Weltkrieg. geschichtsspuren.de

Seite 158: Kuckucksuhr mit Musik aus dem Schwarzwald.

Seite 163: Schloß Oettingen. Augsburger Allgemeine, 18. April 2012.

Seite 164: Ingo Ledermann. FAE.

Seite 166/167: Temporary Travel Document in lieu of Passport, 1947.
ourpassports.com

Seite 169: Christopher West, Opernregisseur in Covent Garden, 1950er
und 1960er Jahre. FAE.

Seite 173: Das alte Logo des AFN. Der Münchener Sender wurde 1945
gegründet und existiert immer noch. Artikel American Forces
Network. wikipedia.org

Seite 175: Markscheine der Militärregierung. wikimedia.org

Seite 176: Pervitin-Dose. Jan Wellen, CC BY-ND 3.0.

Seite 178/179: Reklame der frühen 1950er Jahre.
wirtschaftswundermuseum.de

Seite 181: Bombenschäden in der Keßlerstraße. FAE.

Seite 182: Kühlschrank, Modell »Frigidaire« der damaligen Adam Opel
AG, ca. 1950. gerstelblog.de

Seite 184: Abendessen mit Roger Pillaudin, Klaus Winter, Günter
Lauenstein, französischen Gästen, Christian und M. FAE.

Seite 187: Spätes Gekritzel von Richard Ledermann für seine Chronik.
FAE.

Seite 188, 189, 191: Eingeklebte, gezeichnete und gemalte Einträge aus
Dr. Ledermanns Lebensbuch der Familie. FAE.

Seite 190: Dr. Richard Ledermann. FAE.

Seite 193: Dr. Richard Ledermann jun. als Arzt im Zweiten Weltkrieg.
FAE.

Seite 194: Kursbuch. FAE.

Seite 200: Markgrafentheater in Erlangen nach der Restaurierung.
Theater Erlangen, CC BY-SA 3.0.

Seite 208: Photo von Wilhelm Szilasi. Quelle: Wilhelm Szilasi. Qué es la
ciencia? Breviarios del Fondo de Cultura Económica, Buenos Aires.

Seite 210: Günter Lauenstein in Volksdorf bei Hamburg. FAE.

Seite 213: Empfehlungsschreiben des Abts von Neresheim und des
Erzabts von Beuron OSB. FAE.

Seite 215: Natascha Scheel und M., 1952. FAE.

Seite 216: Roger Pillaudin im Funkhaus der Radio Television Française,
1950er Jahre. Foto: Louis Joyeux / INA via Getty Images.

Seite 217: Paris, Avenue de l'Observatoire. roland-wiesdorf.de

Seite 222: Christian Enzensberger auf dem Travalgar Square,
ca. 1956. FAE.

Weitere Nachweise über das Archiv des Suhrkamp Verlages.

231

Inhalt

Schwarze Wochen im Herbst 1929 6

Eine jugendbewegte Frau 7

Geisterhafte Vorfahren 9

Der Freitisch 12

Nichts Besonderes aus den ersten dreißig Monaten . . . 13

Unter Brüdern 14

Eine erste Liebe 16

Singer's Nähmaschine war die beste 18

Dienstwohnung 23

Ob man Kinder verwöhnen darf 26

Eine erste Enttäuschung 28

Traumabwehr 29

Ein Häuschen 31

Nicht aller guten Dinge sind drei 33

Vom Laster der Lektüre 35

Ein vielseitiger Mann 37

Fata eines ramponierten Buches 40

Bilder aus dem Parteikalender 42

Unsichtbare Minoritäten 44

Ein ungeschickter Sozialarbeiter 47

Wie er mit dem Corynebakterium fertig
geworden ist 50

Kinderkrieger 52

Ein unfaßbarer Großvater 54

Der feiste Nachbar 58

Eine zweite Enttäuschung 59

Aus dem Schatzkästlein des Deutschen Reiches 61

Ein doppelter Ladendiebstahl 63

Ein unheimliches Opfer 64
Die flüchtigen Annehmlichkeiten eines
kurzen Friedens. 67
Ein Klassenbild 69
Die alljährliche Heimsuchung. 72
Der Heizer 74
Zuckerbrot 75
Die Ausstoßung 77
Das Haus an der Burggasse 80
Kriegsverdruß und Kriegsbegeisterung 83
Ein Pariser Sommer 84
Spätfolgen einer Wanderung 88
Ein undankbarer Gast 90
Onkel Fred 91
Frühe Mediensucht 95
Eine gedämpfte Unterhaltung 97
Eine Bunkerphantasie 100
Blitzmädchen 101
Kinder im Krieg 103
Terrorangriff 105
Die Verbannung aufs Land 107
Unfreiwillige Naturkunde 109
Eine Art von Spionage 111
Was M. und seinen Brüdern zu schwör war 114
Ein rachsüchtiger Moment 115
Kartographische Vorlieben 116
Flegeljahre mit Dynamit 117
Tiefflieger 120
Schwierigkeiten bei der Plünderung 121
Zwölf Jahre im Gewahrsam der Pädagogen 123
Ein Rekrutierungsversuch 127

Der Westwall 128

Von den Leibesübungen 130

Der Unbefangene 131

Ein dubioser Fronteinsatz 134

Die Geschichte einer kleinen Fahnenflucht 136

Unter den Augen der Militärpolizei. 138

Das letzte Gerücht 139

Die allererste transatlantische Unterhaltung 141

Eine luxuriöse Notration. 142

Eigenartige Glücksgefühle. 144

Eine Frage der Interpretation 146

Ein Fall von Wehrkraftzersetzung 147

An Stelle eines BWL-Studiums 149

Schwarzmalerei aus Wut 152

Noch eine amerikanische Handreichung. 154

In der britischen Enklave 155

Der Ruf des Kuckucks 157

Eine Filmvorführung 159

Kontrafakturen 161

Intermezzo im Schloß 163

Nichts wie raus hier! 165

Auf der Insel der Sieger, die ihr Weltreich
verloren hatten 167

Ein Land, das fast spurlos verschwunden ist 168

Ein Mißverständnis und seine Folgen 171

Die Pleite eines Zigarettenmillionärs 174

Geckenhafte Jünglinge 176

Die ersten zivilen Feldzüge 177

Auch eine Rückkehr zur Normalität 179

Unerwünschte Wohltaten 182

Unangemeldete Tischgenossen 183

Nachweis der Gelegenheit zur Eingehung einer
Ehe nach § 656 BGB 185
Aus einer Familienchronik 186
Abenteuer eines gutmütigen Onkels 192
Berufsberatung 194
Exil-Phantasien 195
Eine friedliche Mobilmachung 197
Was heißt und zu welchem Ende studiert man
Geschichte? 198
Studium universale en miniature 199
Umherschweifende Suche nach hörenswerten
Verlautbarungen 202
Ein falscher Famulus 204
Ein Maulwurf in der Societas Jesu 206
Es gab damals auch andere Philosophen 207
Bei den Hanseaten 209
Magere Reisen 212
Angst vor Pferden 214
Ein Ausflug in die Hauptstadt des 19. Jahrhunderts . . 216
Eine letzte Prüfung 219
Noch ein verfrühter Nachruf 221
Ein Autodafé 223
Envoi 225

Illustrationen 227
Kolophon 239

Kolophon

Eine Handvoll Anekdoten, auch Opus incertum von Hans
Magnus Enzensberger ist im November 2016 erstmals als
Privatdruck in 99 numerierten Exemplaren erschienen.

Gewidmet ist es Katharina, der ersten Leserin, den Kindern, Verwandten und Freunden.

Typografie, Bildrecherchen, Satz und *mis en page* sind
Klaus Meyer und Jan Riemer zu verdanken.